家庭教育与心理健康指导手册（高中）

周振波 马营 主编

山东城市出版传媒集团·济南出版社

图书在版编目(CIP)数据

家庭教育与心理健康指导手册:高中版/周振波,马营主编. —济南:济南出版社,2019.7
ISBN 978-7-5488-3954-5

Ⅰ.①家… Ⅱ.①周… ②马… Ⅲ.①高中生—家庭教育—手册②高中生—心理健康—健康教育—手册 Ⅳ.①G782-62②G444-62

中国版本图书馆 CIP 数据核字(2019)第 148640 号

出 版 人	崔 刚
责任编辑	苗静娴
装帧设计	谭 正

出版发行	济南出版社
地 址	济南市二环南路1号(250002)
经 销	新华书店
发行热线	0531-86131731　86131730　86116641
编辑热线	0531-86131721　86131722
印 刷	济南龙玺印刷有限公司
版 次	2019年7月第1版
印 次	2019年7月第1次印刷
成品尺寸	170毫米×240毫米　16开
印 张	14.5
字 数	220千
印 数	1-5000册
定 价	58.00元

济南版图书,如有印装错误,请与出版社联系调换。
电话:0531-86131736

《家庭教育与心理健康指导手册》系列丛书编委会

主　编：周振波

副主编：马　营　邢峭俏　臧晓霞

编　委：（以姓氏笔画为序）

马　营　云为刚　邢峭俏　乔延贤　刘　波　邵　雷
周　华　周振波　柳宝福　姜世强　姜俊涛　臧晓霞

本册编委会

主　编：周振波　马　营

副主编：贾培媛　唐　超

编　委：（以姓氏笔画为序）

马　营　李　哲　沙　敏　周秀琴　周振波
贾培媛　贾淑平　夏远征　唐　超

前　言

家庭教育，这是一个古老而又年轻的话题，这方面的研究书籍可谓汗牛充栋。我国自古就重视家庭教育，各种家训、格言、遗训、诫子书都是我国古代家庭教育的"教科书"。在现代社会，随着社会、经济、文化的发展，家庭教育作为一切教育的起点，在孩子成长过程中的作用越发重要。家庭教育成功的关键在于家长与孩子的有效沟通，这也是很多家长感到棘手与困惑的问题。基于此，笔者将从三个方面来谈谈亲子沟通。

一、亲子沟通的概念和意义

1. 亲子沟通的基本概念

"亲子沟通"指父母与子女通过信息、观点、情感或态度的交流，达到增强情感联系或解决问题等目的的过程。简单而言，"亲子沟通"即父母与孩子之间的信息交流过程。"有效沟通"是指经过传递之后被接收者感知到的信息与发送者发出的信息基本一致。也就是说，信息提供者通过恰当的方式，让信息接收者及时、准确、完整地获得其表达的信息，才是有效的沟通。可见，有效沟通强调的是沟通双方间信息的准确传递和理解。

高中生正处在脱离父母的"心理断乳期"。随着身体的迅速发育、自我意识的明显增强、独立思考和处理事物能力的发展，高中生在心理和行为上表现出强烈的自主性，迫切希望从父母的束缚中解放出来。而他们的感情变得内隐，即内心世界活跃，但情感的外部表现却并不明显。这些特点阻碍着父母与子女的相互了解。亲子关系是人一生中最早接触的人际关系，也可说是一切人际关系的基础。一个人如果在与父母的交往中学会了沟通——善于理解别人，也善于让人理解自己——他与其他人的关系也很可能得到良好的发展。

2. 亲子有效沟通的重要意义

家庭是孩子接受教育的重要环境，和谐的亲子关系和持续有效的亲子沟通是孩子健康成长的基础。有研究表明，良好的亲子沟通与青少年的自尊、同一性发展以及道德推理能力的发展等都密切相关；而不良的亲子沟通对青少年的内隐问题行为和外显问题行为有很大影响，具体表现为以下几方面。

首先，亲子有效沟通是培养孩子健全人格的重要途径。

父母是孩子的第一导师，孩子从父母身上学习为人处世的道理，其性格和品质在与父母的沟通中受到潜移默化的影响。亲子有效沟通对于孩子的人格发育意义重大。青春期正是青少年的人格、气质、价值观、人生观养成、转变和成熟的阶段，而青少年人格、气质等方面的养成，在很大程度上依赖于家庭氛围，亲子沟通在其中起到了很大的作用。很多实例表明，青少年与父母在沟通中出现的各种问题或障碍，会在他们正在成长的心理中留下阴影，对其此后的社会适应造成负面影响，甚至可能使青少年出现种种人格和行为方面的问题。

其次，亲子有效沟通为巩固学校教育效果奠定了基础。

学校教育与家庭教育是相辅相成的，亲子有效沟通能促进孩子所接受的学校教育成果的巩固和内化；如果亲子间沟通不良，则会消弱甚至抑制学校教育的效果。在与父母共同完成任务的时候，如果有良好的沟通，那么孩子单独完成作业时的成绩要明显优异。可见，亲子有效沟通将促进孩子学业的提高，对于巩固孩子学校教育的效果有积极意义。

最后，亲子有效沟通能及时化解孩子成长期中的冲突事件。

孩子在成长过程中，不可避免地会发生一些冲突事件，特别是与父母间的冲突，而此时如果能保持亲子有效沟通，则可以及时化解矛盾冲突。研究发现，青少年的亲子冲突呈倒 U 型发展，亲子关系处于一种相互调整的过程，一开始亲子之间没有形成较为成熟的沟通和互动模式，因此，亲子冲突可能呈现增长的趋势；但是在经过一段时间的探索后，亲子之间的沟通和互动模式逐渐成熟，也找到了解决相互之间问题的方法，亲子冲突就可能呈现下降的趋势。可见，孩子成长中各类冲突事件的化解，离不开亲子有效沟通的重要作用。

二、亲子沟通的误区和偏见

在亲子沟通中，家长往往会有某些误区和偏见，导致亲子沟通陷入僵局，常见的误区有以下几种。

1. 某种亲子沟通的方法适用于所有孩子

沟通没有通用的模式，与一个孩子沟通的方式并不一定适合于另一个孩子。因此，父母必须根据自己孩子的特点，创造自己的沟通方式。比如，一位母亲的儿子性格内向，沉默寡言，用一般的方法难以获得有效的沟通。于是，这位母亲根据儿子喜欢听音乐、写作和阅读的特点，经常与儿子一起到书店去，在那里听儿子向她讲述故事和书里的人物，以此了解他的想法和感受；她还和儿子一起听音乐，做儿子作品的第一个读者，不断鼓励儿子。她的儿子慢慢活跃开朗了起来。可见，成功的亲子沟通没有什么秘诀，只要你是有心人，就能找到适合自己孩子的沟通方式。

2. 沟通就是要了解孩子内心所有的想法和秘密

现在许多家长想要通过一次沟通了解孩子全部的想法和问题所在，于是在与孩子沟通的过程中不断逼问孩子，从而导致亲子沟通失败。其实很多家庭都经历过这样的事情，父母在抱怨孩子的时候，是否应该反思一下自己的行为呢？欲速则不达，静下心来，认真倾听，才能慢慢走进孩子的内心。

3. 与孩子沟通就是要听孩子说

和孩子沟通时，许多家长只会简单地用"嗯"等敷衍性的回答来回应孩子，久而久之，孩子就会失去和家长沟通的欲望。家长正确的做法是积极聆听，给孩子适时、恰当的回应。积极聆听不是不说话，而是要我们把注意力放在对方身上，去感受对方的感受，不是去猜测，而是去分析、判断，共同解决问题。

三、关于亲子有效沟通的几个建议

1. 明确自己家庭教育的目标，即我要教给孩子什么

目标是灯塔，指引着教育的方向。现在很多家长不明白要教给孩子什么，让我们先来看看古人的家庭教育观。

诸葛亮在《诫子书》中说："夫君子之行，静以修身，俭以养德。非淡泊无以明志，非宁静无以致远。夫学须静也，才须学也。非学无以广才，非志无以成学。"他留给孩子的是淡泊宁静。

清魏禧写的《给继子魏世侃家书》里说："（聪明）若用于不正，则适足以长傲、饰非、助恶，归于杀身而败名。不然，则于无益事，小若了了。稍长，锋颖消亡，一事无成，终归废物而已。"他告诫子孙要把聪明用到正处，不能聪明反被聪明误。

从中，我们可以看出，古人教给孩子的最重要的就是如何做人。

2. 加强自身修养，做孩子的榜样

孩子是父母的影子，家庭教育对孩子气质的养成是潜移默化的。家境的贫富、家长社会地位的高低，都不是决定孩子气质与心境的主要因素，家教、家风才是。家庭是社会的基本细胞，是一个人生命中的第一所学校，培养好孩子，要先从家庭教育做起，从自我做起。苏联著名教育学家马卡连柯说："父母是孩子人生中的第一任老师，他们的每句话、每个举动、每个眼神，甚至看不见的精神世界，都会给孩子潜移默化的影响。"

所以，你想让孩子喜欢读书，就要自己先爱上读书；你想让孩子遵守交通规则，就要自己先遵守交通规则；你想让孩子积极乐观，自己就不要整天郁郁寡欢、愁眉苦脸；要想孩子尊重你，你就要先尊重孩子……当你做好自己以后，就会发现你的孩子也越来越好了。

3. 营造浓浓书香氛围，打造民主、平等、和谐的家庭关系

"腹有诗书气自华"，自古以来，中国人有着浓郁的书香情结。读书可以改变一个人的气质。给孩子创造一个安静、整洁、舒适的环境，提供给孩子必需的文化学习用品，创造清新浓郁的文化气息和高雅优美的艺术氛围（如设置家庭图书角，张贴名人字画，收看健康有益的电视节目，传播准确科学

的资料信息等等），给孩子以健康的熏陶和影响。亲子沟通在这样的环境下进行，必定事半功倍！

4. 用正确的方式爱孩子

教育孩子须懂得"爱之以道"。既不可溺爱，也不可求全责备；要做到"威而有慈"，要有威严，浸透其中的是一种慈爱；要"严而有格"，严格批评他时，也要有一个分寸，不能大怒，过度。

5. 换位思考，力求共情

父母和孩子具有不同的性格、角色、阅历、知识背景等，往往思考问题的出发点和思维方式迥异，因此，双方在沟通中必须努力做到换位思考。正所谓"好的沟通者通常清楚自己的内心感受，也留意他人的感受"。可以说，亲子间有效沟通的关键在于父母和孩子双方高度的自我觉察和对对方的敏感度，这就需要亲子双方积极进行换位思考，力求在沟通中达到共情的良好状态。

将"换位思考，力求共情"作为奠定亲子有效沟通的思想基础，在解决亲子沟通的实际问题中给予高度重视。具体而言，可以探索建立父母与孩子间的"倾诉"机制，通过谈话、书信、网络留言等，经常交流双方对同一问题的看法和感受，从而相互理解对方的观点。特别是产生矛盾冲突时，父母与孩子一定要分别把自己的观点以及这样思考的原因表达出来，求同存异，才能达到有效沟通。此外，还可以在家庭中开展"今日我当家"活动，让孩子尝试家庭一天的购物、卫生等管理和操作，体验父母一日的辛苦；而家长也可以抽空到学校感受孩子的学习生活，了解其学习压力和成长的烦恼。

我们组织了多年从事高中教育的班主任老师、心理学老师、教育管理者共同撰写了这本《家庭教育与心理健康指导手册（高中）》，从引导孩子顺利度过青春期，帮助孩子爱上学习、学会学习，指导孩子建立良好的人际关系，鼓励孩子乐观面对生活，协助孩子找到人生理想及高考备考指南等六个方面，为家长提供一些借鉴，以期达到理想的教育目的。

由于水平所限以及教育内容、目的、效果的纷繁复杂，本书难以面面俱到，只是一孔之见，希望读者多提批评意见，我们会不断修改完善。

目 录

第一章 引导孩子顺利度过青春期 ………………………………………… 1
 第一节 孩子太重视自己的外表了 ……………………………………… 3
 第二节 脏话成了口头禅 ………………………………………………… 9
 第三节 追星该不该 ……………………………………………………… 16
 第四节 我家有个"夜猫子" …………………………………………… 23
 第五节 性教育不必讳莫如深 …………………………………………… 29

第二章 帮助孩子爱上学习、学会学习 ………………………………… 35
 第一节 孩子偏科怎么办 ………………………………………………… 37
 第二节 远离拖延，高效学习 …………………………………………… 44
 第三节 寻找学习的动力 ………………………………………………… 51
 第四节 孩子很努力，成绩却没有起色怎么办 ………………………… 57
 第五节 手机的诱惑 ……………………………………………………… 63

第三章 指导孩子建立良好的人际关系 ………………………………… 69
 第一节 孩子交了异性朋友 ……………………………………………… 71
 第二节 请停止您的说教 ………………………………………………… 78
 第三节 孩子不再和我谈心了 …………………………………………… 85

| | 第四节 孩子交了"坏朋友"怎么办 | 92 |
| | 第五节 我的孩子受同学排挤 | 98 |

第四章　鼓励孩子乐观面对生活　　105

	第一节 看不见阳光的孩子	107
	第二节 帮孩子减轻考试焦虑	114
	第三节 自信是鼓励出来的	121
	第四节 耐心呵护"小火山"	129
	第五节 让孩子经历风雨	136

第五章　协助孩子找到人生理想　　143

	第一节 你的兴趣我支持	145
	第二节 共同探寻能力优势	151
	第三节 有目标,不一样	162
	第四节 专业万花筒	170
	第五节 鼓励孩子体验职业	177

第六章　高考备考指南　　189

	第一节 谈谈选课走班	191
	第二节 均衡饮食,缓解脑疲劳	202
	第三节 怎样给孩子减压	208
	第四节 合理期待,理性陪考	214

第一章 引导孩子顺利度过青春期

孩子随身装着小镜子,没事拿出来照一照,成天嘟囔着自己丑,要去微整形;小小年纪就喜欢涂脂抹粉,为了减肥不吃晚饭,心思不在学习上,我该怎么办呢?

孩子卧室贴满了明星的海报,还要钱去看演唱会,我该不该给呢?

晚上12点了,孩子还在卧室亮着灯玩手机,早上该起床上学了,却不到最后一刻怎么都叫不醒,孩子为什么不能将自己的作息习惯调整得规律些呢?

第一节 孩子太重视自己的外表了

导读

青春期是生理发育突飞猛进的阶段,是性成熟期,是决定人一生的体质、心理和智力发育的关键时期。自我意识在青春期飞跃发展,青春期的孩子对自己产生了强烈的兴趣,热衷于思考自己的优点、缺点,十分关注自己的外表,显得非常"自恋",同时又经常夸大自己的缺陷,因为自己的不完美而沮丧。

故事放送

妞妞今年16岁了,妈妈赵女士是大学老师。平时赵女士非常注重妞妞的内在教育,从小教育妞妞要彬彬有礼,举止端庄,多读书丰富自己的内心世界。妞妞也一直依照妈妈的教育,不爱打扮,做一个朴实而有内涵的孩子,是亲戚朋友口中的"别人家的孩子"。

妞妞和同学菲菲两个人关系很好,经常到对方的家里玩。菲菲的妈妈是个化妆师,平时自己打得很时尚,也把菲菲打扮得很时尚,偶尔还给菲菲化化妆,让菲菲变得更漂亮。一次,妞妞和菲菲在玩,菲菲的妈妈在跟朋友聊天。那位阿姨说,菲菲长得好看,妞妞就是眼睛有点小,等长大了做个微整形，也一定是个大美女。接着，她们又谈论起明星整容的情况，还说现在的人不整容都不好意思出门之类的话。说者无心听者有意，妞妞听后觉得自己眼睛就是小，笑起来眼睛眯成缝。妞妞想，自己长得这么丑，大家肯定都不喜欢她。这样的情绪一直跟随着妞妞，每天早上，她都要照半天镜子才肯出门，照镜子的时候经常说："唉，眼睛太小了，一点都不好看。"有时候妞妞还不停地换衣服，直到满意为止。

妞妞的妈妈感觉到了孩子的变化，便问妞妞发生了什么事情，妞妞说："妈妈，我觉得自己长得好丑，眼睛好小，我都不喜欢我自己，别人肯定也不会喜欢我，我想要去整容。"

青春期的孩子，重视外表符合正常的身心发展规律

孩子处于青春期时格外注意自己的容貌，这是很正常的，父母也是从这一阶段过来的，应该可以理解孩子的这一发展特点。青春期的孩子进入了全面发育期，身体发生了很大的变化，比如个子变高、嗓音变化等第二性征的出现，这些特别的变化会让青春期的孩子变得敏感："我的身体发生了这样的变化，别人和我一样吗？"有些男同学由于声音发生了变化，竟然不愿意和同学交流；有些女同学因为胸部发育而感到羞耻；还有些同学因为长青春痘而不愿去上学。

青春期的孩子对于自己的容貌和体型是非常敏感的，甚至可以用挑剔来形容。有些女孩子因为自己长得稍微胖一些，晚上就不吃饭来减肥。可是孩子正处于长身体的阶段，营养跟不上怎么抵抗这么重的学习压力呢？爱美是天性，在孩子有爱美的意识时，家长如何引导是关键。

以自我为中心，是青春期孩子的典型特征

随着身体的变化，青少年在心理上也发生了变化，他们变得自我中心、自我觉察和内省；他们将思维更多地朝向自身而不是别人。因为过度地关注

自我，青少年甚至以为其他人也一样关注他们的外表和行为，结果在很多时候都感觉自己像站在舞台上一样，受到众人的关注。他们为这些假想的观众而神不守舍，希望受到每个人的喜欢和赞扬。

比如，孩子觉得自己头发没梳好时会坐立不安，因为他觉得人们都在看着自己，担心别人笑话自己，但其实并没有人关心这些。所以这个时期的孩子会过于注重自己的衣着打扮。

现实环境因素

不知从何时起，青少年追星已经成为一个大众热议的话题。演艺界的美少年、美少女如雨后春笋，吸引着青少年的注意力。这些明星经过包装面容姣好，充满激情，对于青春期的孩子来说，是努力效仿的榜样。青少年会效仿明星的穿衣风格、化妆风格，认为这些才是美，才是潮流。

与此同时，在这个宣扬"外貌至上"的时代，总有这样的负能量："长得美、学习好才会找到好工作，长得丑、能力再好也不会被发掘。"这样的现实环境给孩子带来了强烈的不安，甚至会引发他们的自卑感。青少年渴望变得更漂亮、更帅气与社会现实也密切相关。

专家来支招

解决方案一：理解和尊重孩子的"爱美之心"

父母要理解孩子重视外表的现象，这是符合青春期孩子正常身心发展规律的。这个阶段的孩子不仅对自己的外表挑剔，对衣着打扮也有要求。孩子会向父母要钱买化妆品、名牌鞋子。有些父母觉得孩子追求虚荣，不可理喻，希望孩子能够按照父母的意愿进行穿衣打扮，尽量简单朴素一些，穿戴有个学生样。由此，父母与孩子之间便产生了矛盾。这个时候父母要适当地认可和尊重孩子的喜好，尽管不符合父母的心意，也不要随便指责和打压孩子，认为孩子喜欢的、追求的都是错的。

尊重孩子提出来的要求并不是无条件地赞同和满足。即使孩子的喜好和家长的要求不一致,家长也可以尊重孩子,接纳孩子现在的状态,并寻找更好地对策。上述故事中,妞妞觉得自己眼睛小,要去开眼角,做微整形,如果你是妞妞的家长,你该怎么办呢?家长的反应可能会有以下几种:

1. 你现在还是未成年,开眼角,微整形绝对不行。

2. 你现在把时间都浪费在"爱美"上,学习成绩怎么能提高呢?

3. 你的要求妈妈同意,明天就带你去整形医院了解一下。

4. "爱美"是人之常情,少男少女更是如此,爸爸妈妈可以理解你的心情。但现在你还未成年,还在成长阶段,微整形还是等高考结束后,外貌定型了再去,这样效果更好,你觉得呢?其实,你在爸爸妈妈心中是最美的。

简单进行对比,你会发现,第四种反应孩子会更容易理解。与其说绝对不行,不如适度地妥协。如果父母做出让步,孩子可能也不会固执地坚持自己的想法,可能会渐渐听父母的话。一味拒绝孩子的要求不可取,一味满足孩子的要求更不可取,适度妥协就是在充分听取孩子意见的基础上,共同制定一定的标准。

解决方案二:引导孩子形成健康的审美趣味

化妆、衣着成人化等现象,与社会环境、家长行为也有很大关系。孩子多半是看了妈妈化妆,才产生了兴趣;也是父母带着逛街,才看到并喜欢上了成熟的款式;或者是喜欢的明星这样打扮,他们就去效仿。发现孩子追求"成人化"的美,要怀有一颗包容和理解的心,但应该适时恰当地引导孩子认识美,帮助孩子认识什么是适合自己年龄的美。家长千万不要用"不正常""怪异"等定性的词语来评价成长中的孩子。也许孩子内心中隐藏着与外貌有关的自卑感，家长的指责会让他们陷入更深的自卑中。

父母应该相信孩子，尊重孩子的自然生长法则，鼓励孩子自由探索，但也不能对孩子完全放任，要适时地予以帮助、指导，尽力为孩子创造一个满足其健康成长需求的环境。家长可以带孩子去参观画展，体验艺术带来的神圣感；可以带孩子去旅游，领略大自然的美好风光，让其心情愉悦放松；可以带孩子去运动，感受健康美。与此同时，家长自己也要做到言行一致。有些父母经常对孩子说"内涵美更重要""能力比外貌更重要"，但转头又和朋友说"男人就喜欢长得漂亮又苗条的女人"。如果这样的话被孩子听到了，孩子会怎么想呢？父母自相矛盾的行为会给孩子带来无尽的困扰。父母要注意自己的言行，不要在不知不觉中拿容貌去评价他人。

腹有诗书气自华

——一位妈妈写给女儿的信

凌薇，妈妈想给你讲一个故事，告诉你什么样的女孩子才是最美丽的。

还记得前段时间你和妈妈一起看的《朗读者》吗？朗读者的主持人、制片人董卿你应该也记得吧，你还夸赞她有气质，有才华呢。现在的董卿作为央视的当家花旦，眉眼精致，带点英气，坚定知性，清醒而不自傲。她宛如从春天走来的女孩，清纯靓丽中饱含着优雅与端庄。董卿游刃有余、笑看风云的潇洒，其实都依赖长久的付出、酝酿和积淀。

董卿年幼的时候，她的父亲家教很严，命令她每天不许多照镜子，经常说："你每天花时间照镜子还不如多看书。"此外，她的爸爸还认为，女孩子不能把过多心思放在穿衣打扮上。后来，第一次听到别人喊她"美女"时，她以为对方是在开玩笑，除了身材高挑，她从没有觉得自己很好看。后来，越来越多的人说她是"美女"，她终于有了一点自信，因为气质比相貌更重要。这种气质的培养，来源于她自己孜孜以求的学习以及追求完美的性格。自幼出生在书香门第的董卿在父母的影响下酷爱读书。父母分别毕业于复旦大学新闻系和物理系，"一文一理"的家教优势得天独厚。中学时期，母亲就在寒暑假给她开列书单。董卿三五天就通读一本。有时她读书实在太快，心存疑虑的母亲还会抽查一下，找出名著中的某一章节，让董卿罗列其中的人物关系，以强记为特长的她总能对答如流。董卿曾表示，不读书就像没有吃饱饭一样，精神上是饥饿的。正是不断地读书学习，让董卿由自卑变得自信、知性。

孩子，想必你已经明白了我的意思，青春期的女孩应该都能够感受到一种超越于外表的恒久美丽。一个人的真正魅力主要在于特有的气质，许多人并不是十分漂亮的美女，但她们的身上却洋溢着夺人眼球的气质美。真正的美，是和谐统一的内在美。妈妈的话并不是告诉你不要注意自己的外表，我们在日常生活中需要注意自己的外表是否干净清洁，神态是否自然，仪表是否大方，一切只要简简单单就行，没必要去进行刻意的打扮。如果一个女孩有很好的精神状态和优雅的品行，美丽就会自然溢出，她会得到他人的尊重和爱戴，这样的美丽可以经受住时间的考验，显示出真正的美。

在平时的生活中，每个人都不能不注重外表的美丽，但是也不要忘记，真正的美是从内心溢出来的。有一件"衣服"，可以穿得长长久久，而且越穿越美丽，那件"衣服"，就是一个女孩的优雅。

所以，当你明白了这个道理后，凌薇，你就明白青少年时期的孩子没有必要刻意打扮、彩饰自己，只要举止合理、待人宽厚、善良真诚，别人就会认为你很美。别忘了，有一两个才艺也会让你很加分哟！

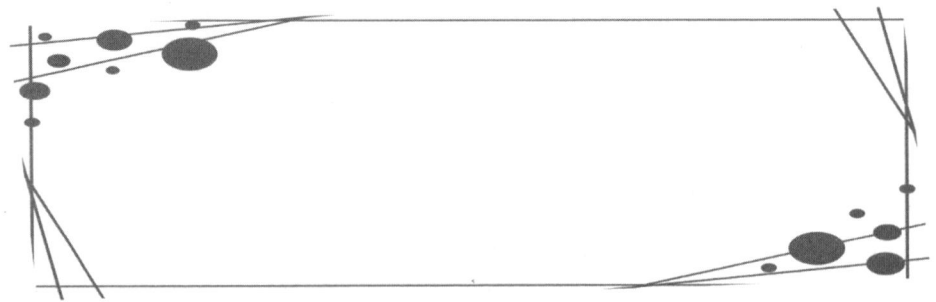

第二节 脏话成了口头禅

导读

随着自我意识的觉醒,青少年正在逐渐从依附父母的角色中走出来,感到自己已经长大了,有一种强烈的成人感和独立感。他们渴望得到别人的尊重和肯定,用"社会人"的方式来标榜自己的成熟。有些青少年喜欢用脏话来表达自己的内心感受,觉得这样很酷,很流行,说出来能让自己受到关注,殊不知,这种方式并不能获得别人的认同。

故事放送

小宇今年17岁,是一名高二的学生。据母亲反映,小宇从小到大都是别人口中的好孩子,学习好,懂礼貌,但升入高中后,小宇和几个朋友学会了打游戏,还喜欢爆粗口。"那小子打得真菜,傻逼。""你妹!逗死我了!""我靠!""泥马。"第一次听到这些词语从小宇口中说出来的时候,母亲相当惊讶,懂事的儿子怎么能够这么粗俗,竟然把不堪入耳的脏话说得这么流利。

有一次,小宇带几个朋友来家里玩儿。家里新买了电视机,几个同学坐下来就开始议论。

"你家这电视真够牛逼的。"

"这屏幕是够他妈大的。什么牌子啊？有什么功能啊？"

"我靠，这体验贼爽啊！"

小宇妈妈在一旁听着，不知所措。小宇的父母性格温和，一向很少使用粗鲁的语言，当着孩子的面，更是小心谨慎。小宇的母亲多次和小宇谈话，但是小宇并不以为然，他说："现在同学们都这么说，没什么大不了的。"

升入高二之后，随着学习压力的增大，小宇爆粗口的频率越来越高，一遇到难解的题目，就会说一句："他妈的，我操，这个题太难了。"在球场上和人发生争执，小宇更是怒气冲冲，脏话张口就来。母亲急坏了，小宇到底是怎么了，为什么不能好好说话，非得脏话连篇呢？

孩子会说脏话大致有四个原因

1. 社交网络模仿

随着社会的发展，信息网络也日益发达，如今连幼儿园的小孩都会用微信、QQ等手机软件聊天。青少年所能接受的信息更加广泛。在让人眼花缭乱的文字信息中，必然会掺杂一些不良信息。这些"垃圾信息"来源甚广，比如未出版的网络小说，青少年在好奇心的驱动下大胆阅读，由于察觉不出其中的危害，便会错误地模仿消极、粗俗的言语。一些网图、表情包中也频频出现脏话，这些表情包被学生在聊天中用来恶搞。虽然这些趣味让青少年感到一瞬间的惬意，但这也传达了一种错误信息——说脏话是正常的，这在无形中促使了青少年大胆、不羁地说脏话。

2. 争取认同

有些孩子看到身边的同学说脏话，自己也会跟着说，说脏话成了一种"流行文化"。孩子要获得同伴的认同，当然就跟着"流行"走，以此来表示朋友之间的亲密度，感受朋友圈特有的归属感。这些孩子说脏话并没有什么特殊的原因，只是和朋友待在一起习惯了而已。

3. 引人注意

有些青少年为了吸引别人的注意，显示自己的个性，让人觉得自己"酷"劲十足，而做出一些夸张的或者叛逆的行为，"说脏话"就是其中之一。他们对说脏话缺乏清醒的认识，认为说脏话是一种"时尚"，常常会故意在自己的表达中加入脏话，以使自己显得与众不同。仔细思量，为什么孩子非得这样来得到别人的注意呢？极有可能是平常他没获得足够的注意。当孩子一副"看我多厉害，我就敢这样讲"的样子时，请忽略他的行为。你愈注意他，就愈强化他；只要针对良性反应给予注意和肯定，孩子就会慢慢改变过来。这样的孩子需要更多的自尊和自信。

4. 表达愤怒

青春期的孩子课业压力比较大，一旦这种压力没有及时发泄，骂人和说脏话便会成为他们宣泄的方式。另外，当孩子与同伴发生冲突或者愿望得不到满足时，他们往往也会以说脏话的形式来发泄心中的愤怒或不满，主观地利用脏话去攻击他人，如"你这个傻逼""去你妈的"等，而受攻击者听到脏话以后，一般都会表现出一定的愤怒、震惊、错愕等，这会使孩子觉得说脏话很有"力量"，也会强化其说脏话的毛病。

专家来支招

青少年说脏话现象较普遍，背后的原因也有很多，要解决这一问题还要对症下药。如果父母不分青红皂白只顾训斥，反而会事与愿违。如果孩子说脏话没有恶意，只是为了吸引他人注意或者争取同伴认同，建议父母要能接纳、认可他的需求，一定程度地容许孩子自行调整。若有其他原因，建议父母从孩子的角度出发，加以引导修正。

解决方案一：为孩子创设良好的语言环境

心理学史上有一个非常著名、非常有影响的实验研究，这项研究是著名心理学家班杜拉和他的助手于1961年在斯坦福大学完成的。研究者让儿童分别观察两名成人，一名成人表现出攻击行为，另一名不表现出攻击行为，随后在没有榜样出现的新情境中对儿童进行测试，以了解儿童会在多大程度上模仿他们观察到的成人攻击行为。研究发现，观察到攻击行为的被试不论榜样是否在场，都会模仿成人做出类似的攻击行为，而且这种行为明显不同于观察到非攻击行为或根本没有榜样的被试的行为。由此可以得出以下结论：成人的行为向儿童传递了这样一个信息，即这种形式的暴力行为是被允许的，这便削弱了儿童对攻击行为的抑制。两年后，班杜拉和他的助手进行了一项后续研究，目的是考察电视或其他非人类的攻击行为对被试的影响力。研究发现，电视中的攻击性榜样对儿童的影响比非攻击性榜样或无榜样明显得多。另外，班杜拉的研究团队还发现，真人榜样影响力最大，电影榜样位居第二。班杜拉的研究告诉我们，儿童和青少年的新行为是怎样通过简单地模仿成人，甚至是电视、广播等媒体而习得的。部分青少年说脏话的行为也来源于模仿，模仿网络、成人、同学。

因此，家长有必要引导孩子有选择地使用网络资源。在家庭与学校生活中，要帮助孩子培养适当的兴趣爱好，提供其正确释放压力的办法，比如鼓励孩子在学校参与各项活动，培养孩子的艺术特长，和孩子一同运动、旅游等等，让孩子在这些活动中获得快乐、满足感与成就感。此外，家长也可以和孩子共同制定网络使用时间表，渐进式地减少孩子使用网络的时间，渐渐地孩子将不会把网络作为唯一选择。

最重要的一点是父母自己不要说脏话，为孩子创设良好的语言环境。有些父母不是冲着孩子说脏话，而是情绪激动时自言自语，或者当着孩子的面吵架。孩子看到这样的父母，会受到莫大的影响。所以在遇到忍无可忍的事情时，建议父母要克制自己的情绪，选择恰当的表达方式。

解决方案二：引导孩子正确表达自己的情绪

孩子在青春期喜欢用说脏话表达自己的一些情绪，从某种意义上来说，这是他们成长的一个必经阶段。父母一听到孩子说脏话就感觉不舒服，难以理解，甚至立刻训斥，这样只会适得其反，徒增孩子的抗拒心理。就算父母再生气，也要等孩子恢复平静再去探讨这个问题，并且最重要的是问清楚孩子忍不住说脏话的原因。

如果孩子是因为生气而说脏话，可以等孩子心情平复之后，关注孩子的情绪状态："刚才是不是有什么不开心的事情，发生什么事情了？"等孩子说完事情的缘由，再去表达自己的观点："生气归生气，但是骂人毕竟不是好事，而且生气时用说脏话来发泄，更无法控制自己的情绪。"

仅仅告诉孩子骂人是不对的、说脏话不好是不够的，家长要引导孩子用恰当的词汇描述自己的情绪。在愤怒的状态下，脏话要被替换成"我现在很生气""我现在很烦躁""我现在压力很大，心烦意乱"等。家长要引导孩子在高兴或者生气时不带攻击性地使用文明语言，养成良好的语言习惯。

几个小建议：

1. 坦诚地告诉孩子你不喜欢听到脏话，请求他帮助你减少这方面的干扰，记住是请求而不是责骂，让孩子感觉不说脏话是自己的一种"被需要"属性。

2. 尝试用家庭会议的方式来解决问题，和孩子坦诚交流，教给孩子一些正确的表达方式。家长还可以尝试着问问孩子是否了解这些脏话的意思，明确地告诉孩子这些脏话的含义。如果这不是他想表达的真实想法，直接告诉他这些词带有侮辱性，不能使用。

3. 可以做一个零花钱计划：启用一个零钱罐，说一次脏话就得拿出自己的部分零花钱，攒够了就用来购买家庭共读书籍。

管理情绪：要"表达愤怒"而不是"愤怒地表达"

愤怒是一种普遍的情绪。有的人很容易被激怒；有的人永远一副受气包的模样，实际上是把愤怒压在心底；有的人在这里受了气，却到别处发泄；有的人明明是自己错了，却先冲人发火，转嫁责任……对于愤怒，不同的人有不同的处理办法。

实际上，这些办法，都不是处理愤怒的最好办法。那么怎么才能更好地应对我们的愤怒情绪呢？

首先，我们有权利愤怒。愤怒是自我肯定的表示。一个人如果从来不敢愤怒，就会失去表达自己想法和需要的勇气，最后要么形成抑郁情绪，要么愤怒积累超过极限而突然爆发。许多时候我们觉得跟与我们直接产生矛盾的人沟通有困难，于是就不再沟通，而采取别的渠道泄愤。但真正成熟和有勇气的做法，是在产生愤怒的地方解决愤怒。比如与上级之间的冲突，与伴侣之间的冲突，要尽量找机会心平气和地表达自己的意见。这样尝试后，我们会发现，其实许多愤怒是沟通不畅导致的。

那么，我们如何来表达愤怒呢？正如心理学家所言，愤怒的核心是尚未满足的需要。当他人的行为不符合我们的需要的时候，我们会表现为归责他人。归责他人导致不满、愤怒，陷入对他人的敌对。既然愤怒来源于自己的需要，那么，我们就要关注自己内心的感受，表达自己那些尚未满足的需要。良好的沟通可以通过表达需要来实现。学习表达需要之前，要明白应该自己为自己的需要负责，并试着用以下语言说出自己的感受。比如先和对方说你对哪些行为感到不满："当你……"，接着说出自己的感受："我觉得……"，然后和对方分享你的期望："我希望能这样，因为……"，最后表达你现在的需要并说明原因："我请你……是因为……"我们要避免一些错误地表达需要的言语，比如，表达自己需要的时候，传达出"满足我的需要是他人的义务"，或者言语中把自己的需要归咎于他人，这依然是一种指责，会让对方感觉不舒服。正确地表达愤怒、提出需要，是和谐关系的良好开端。

第三节　追星该不该

导读

偶像崇拜是青少年时期重要的心理特征之一，是青春期心理需要的反映。通过追星寻找精神寄托，包括自身的"存在感"，从初衷来说合乎情理，重要的是如何准确把握追星的尺度。青少年有偶像并不是一件坏事，但部分孩子由于过分崇拜、迷恋影视明星和歌星，影响了自己的学习和生活，家长应适时适度地进行引导。

故事放送

小兰是一个聪明活泼的高一女生，在好朋友的推荐下，她听了TFBOYS的《青春修炼手册》这首歌："……青春有太多未知的猜测，成长的烦恼算什么……跟着我左手右手一个慢动作，右手左手慢动作重播，这首歌给你快乐，你有没有爱上我……经常会想长大多好，有些事情却只能想象，想说就说，想做就做，为了明天的自己鼓掌，这世界的太阳，因为自信才能把我照亮，这舞台的中央，有我才闪亮，有我才能发着光……"

小兰被这首歌优美的旋律和充满正能量的歌词感动了。从此，她喜欢上了组合里的三个人：队长王俊凯和成员王源、易烊千玺。小兰在房间里贴满了TFBOYS的海报、照片，买了很多明星周边产品，并以他们为榜样。小

兰加入百度贴吧、QQ群、微博微群等粉丝后援会的群聊，获得偶像的各种信息。不久前，TFBOYS在小兰家所在的城市开演唱会，小兰非常想去看，和父母提了自己的想法，希望父母能在经济上给予支持。可是父母并不能理解，觉得小兰沉浸在虚拟世界无法自拔。

小兰在追星路上还算比较理智，网上还有大量负面的疯狂追星的新闻报道，如在南京"TFBOYS四周年演唱会"现场，不少十二三岁的小粉丝眼泪汪汪来报警，称花3000元买到的却是假票；北京一位13岁少女因痴迷一韩国流行组合而变得厌学，与家长冲突不断，一句"明星就是比父母好"的气话，点燃了父亲李某长期积蓄的怒火，李某在愤怒之下持刀把女儿砍死……

读懂孩子心

青少年为什么容易变成追星族呢？据心理学家分析，青少年"追星"的心理主要体现在以下五个方面。

1. 追求成功心理

青少年时代是一个充满幻想、渴望成功的时代。在这个阶段，青少年对自己的未来有种种向往和追求，他们追求个性发展的丰富、多样，向往事业的成功，幻想赢得别人的好感和赞扬，希望得到异性的垂青，渴望自己有出众的风度和优雅的举止等等。但是，如果仅仅靠自己的摸索，是很难获得这样的成功的，于是，那些不能实现自己向往的青少年，就把已经取得一定成

功的明星作为仿效的榜样。明星所取得的辉煌成功、优越的生活条件、前呼后拥的气派和大量的掌声、鲜花等，使青少年羡慕不已，他们希望通过模仿、崇拜明星来改善自己的言行举止和衣着打扮，找到获得成功的捷径，提升自己的价值。

2. 炫耀心理

一些青少年刻意模仿明星的作风，收集明星的信息，把这些作为炫耀自己能干、消息灵通的资本。他们在和同龄人交往时，滔滔不绝、洋洋得意地谈论自己知道的情况，体验到一种自豪感、满足感，甚至"成功感"，觉得自己在别人面前有面子、有地位；而那些对明星所知不多的青少年，则只能听别人讲话，自己插不上嘴，不受别人的瞩目，以至产生一种挫折感。这些"追星族"为了显示自己的气质、见识高人一等，经常拿自己的崇拜偶像作为炫耀的工具，以获取一种莫名的满足或虚荣心。

3. 从众心理

青少年时代是一个追求时尚的时代。在这个时期，青少年的好奇心和模仿力都很强，他们喜欢标新立异，追赶时髦，希望自己赶上潮流，不落伍。对于青少年来说，歌星、影视明星就是创造时尚、领导潮流的代表人物。认同群体模式是青春期个体的行为特征，如果某个青少年的行为与众不同，就可能成为大家的笑柄。当青少年不自觉地接受了当今某些媒介连篇累牍地介绍明星的迷人风采、浪漫生活等等宣传后，向往、羡慕和"不甘落后"的心理，就使部分少男少女将偶像崇拜看成一种时尚，觉得这样才能和周围的同伴融为一体，不至于落伍。

4. 共鸣心理

青少年时代也是一个充满失意、挫折的时代，他们在追求独立适应社会生活的过程中，往往遇到很多的困难、烦恼，自己无法解决，但是又不愿把心中的困惑与苦恼向父母或其他成年人倾吐。在这种情况下，某些表现青年人生活中的喜怒哀乐、情感历程的歌曲，以及影视中反映青少年生活苦恼和奋斗历程的角色，正好符合青少年的心理状况，引起他们的心理共鸣，许多青少年把这些歌曲当作生活的指南；把演唱这些歌曲当作排解烦恼、忧愁的措施；把明星塑造的青少年形象当作自己的楷模，用这些影视形象，解决自己的感情问题,从而把对歌曲、影视形象本身的喜爱发展到对明星的崇拜。

5. 替代满足心理

随着性成熟的到来,青少年的性意识日益发展,他们对异性的情感也日益丰富,这使他们开始幻想和追寻自己的恋人的形象,但是由于各种条件的不成熟,他们往往把握不住自己。他们把对异性的幻想转移到明星身上,满足自己的心理需求。追星现象的出现与青少年自我意识和性意识的发展有很大关系。

解决方案一:父母应理解和尊重青少年追星

追星行为犹如"青春痘",是青春期不可避免的现象,父母不要一味地反对孩子追星。社会为青少年推出大量的正面榜样,比如体育明星、影视明星、艺术家、小说家等。青少年的生活是可塑的,通过这些榜样,他们会朝着符合主流文化的方向发展。如果引导得当,把握好分寸,通过追星,可以激发孩子向榜样学习的力量,使他们成为对社会有用的人。

青少年崇拜偶像是对榜样行为观察学习后的一种模仿,优秀的偶像可以树立榜样,好的榜样可以作为一个可靠的基础来推动青少年对自我的探索和认识,使其树立积极的人生目标。不是所有的追星都会耽误学业,父母也没有必要戴着有色眼镜看待和排斥青少年的追星问题。有些明星偶像的奋斗和成功历程确实很让人感动,值得青少年去学习。比如 TFBOYS 的队员王源,13 岁出道,14 岁大红,15 岁创作第一首单曲,17 岁登上联合国成为首位受邀联合国青年论坛的中国艺人,并发表全英文演讲,18 岁以联合国儿童基金会青年教育使者身份重返联合国论坛,全面发展更上一层楼。王源小小年纪就有不俗的经历,这样的励志故事值得每一位青少年学习。如果你的孩子以王源为榜样,并且向他学习,立志学好英语,走向世界,那么,榜样的力量就是无穷的。

解决方案二：引导孩子做理智的粉丝

如果你的孩子已经加入了追星一族，并且参加各种各样的粉丝活动，向父母要钱参加明星现场演出，这个时候，父母就要学着引导孩子做理智的粉丝了。

首先，父母的态度很重要。如果对孩子的追星行为强加阻挠，会加剧孩子的逆反心理，让他更加一意孤行。与其强加阻挠，不如包容接纳，适度妥协，和孩子表明态度，约法三章。比如"为了保证安全，不独自参加粉丝活动""不向父母撒谎""不为了攒钱追星不吃饭"等等。另外，在提出要求的时候要制定相应的惩罚措施。

如果父母很开明，为孩子创造开放的环境，让孩子理智地追星，那么亲子关系也会很好。

其次，父母可以和孩子坦诚地交流探讨，究竟怎样才能做不盲从、理性的粉丝。重要的是给孩子机会去反思自己是否在疯狂的追星中迷失了自我，如何能在确保学习不受影响的前提下，正大光明地参加喜欢的业余活动。

关于青春期孩子追星现象的思考

孩子需要榜样，也需要崇拜的偶像，这是身心发展的需要。不同年龄阶段，崇拜的偶像也会不一样。幼儿阶段，孩子的偶像可能是警察、解放军。小学阶段可能是老师、会修理汽车的叔叔，此后可能是明星、科学巨人，乃至商界精英。这是在孩子成长过程中，随着认知能力、感知能力、兴趣爱好以及生理心理方面的发展而变化的。之所以在青春期前期开始出现崇拜歌星、影星，并模仿他们的装束乃至习性癖好的行为，除了因为这一阶段孩子处于"艺术敏感期"之外，更因为他们认为这些要素可以帮助自己成为引人注目的人，从而引起更多异性的关注。这是人性使然，是自然规律，不可磨灭。

其实，也有相当一部分孩子是"被"追星的。学校是一个小社会，孩子在这个社会中，必然要和其他成员进行交流。如果对这个群体主流的东西一点也不了解，除非是奇才，否则很难忍受这种"孤独"的感觉。所以，这一部分孩子是"被"追星的。

还有一个重要的原因是媒体的影响，像湖南卫视的"快乐大本营""天天向上"等节目，影响之广泛，令人叹为观止。现在的孩子，最容易接受的是图像信息，而国内很少能够提供高质量和高满意度，且适合青少年观看的电视节目，这就给了"造星节目"很大的机会。所以，我认为很大一部分孩子的追星是被制造出来的。

上面这些原因分析足以证明，要想让孩子不追星，可能性很小。如果有，也一定是个案，无代表性。

追星是一种生活方式，是一个人的私事，我们没有必要，也不应该去担忧和阻止这种事情。如果孩子连当前崇拜的偶像都没有，你觉得这样的孩子对未来的生活还有什么可期待？

父母只有了解孩子追的"星"，才有机会和孩子谈"星"。父母对"星"发表的客观评论，对孩子的人生观与价值观的形成将起到潜移默化的影响。这个过程很重要。通过与孩子一起"追星"，不仅仅可以帮助父母"与时俱进"，跟上时代的潮流，还能改善亲子关系，提升对孩子的影响力，并通过这些明星的正面信息来激励孩子，实现"说教"无法达到的教育目的，作用巨大，意义深远。所以，我们应该感谢孩子，正是"追星"行为，给了我们走进孩子心灵、提升对孩子影响力的机会。

说到追星，最近，我也在了解周杰伦。此前，他给我的唯一印象就是听不清楚他在唱什么，有些歌曲的旋律还不错，但和我的审美标准还是有一些差距的。后来，听说了他的一些事情，以及他唱的一首励志歌曲《听妈妈的话》，我很震惊。于是，我开始真正关注和了解周杰伦了。周杰伦获得的成就数不胜数。他的奋斗历程和所作所为，给青少年带来的正面影响是巨大的。他成为青少年的偶像是当之无愧的。这样的偶像，越多越好。

狂热追星的孩子对于生活的了解通常不多，对于世界的精彩之处也感悟不深。父母有必要与孩子分享自己的偶像，分享这个世界上其他值得关注和留恋的人和事情，并想方设法开拓孩子的眼界，提高其生活品味以及对艺术的鉴赏能力，以便减少孩子当前的"偶像"的唯一性及权重，从而杜绝其出现的一些不理智行为。比如带孩子拜访各个行业的人，参加各种展览会，观看一些经典的电影，参加志愿者活动等。通常情况下，孩子很快就会喜欢上各种各样有趣的事物，并能够从这些有益的活动中获得更多的情感上的成功体验。

一个孩子在成长中将会遇到很多问题，家长的理解、尊重、引导非常重要，积极高效的解决策略对于孩子的成长意义非凡。

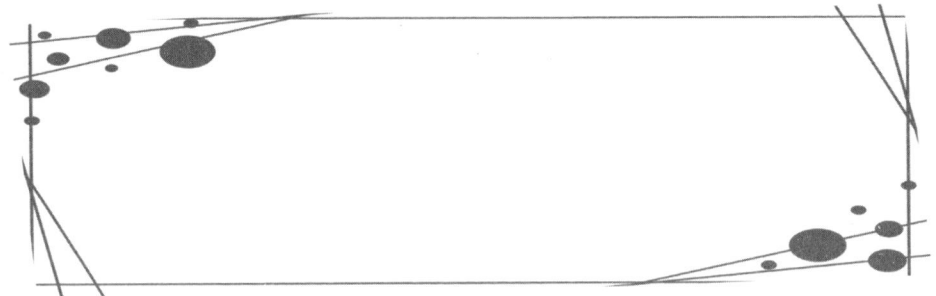

第四节　我家有个"夜猫子"

导读

"日出而作，日落而息"，这是长期以来人类适应自然环境的结果。随着社会的发展，人们的生活作息也发生了变化，越来越多的青少年习惯熬夜，有时是为了学习，有时只是单纯为了玩手机。青春期孩子的时间观念还不是很强，他们没有成人那种"一寸光阴一寸金"的感悟，面对年轻的身体，也没有爱护和珍惜的意识。也许熬夜的孩子在短期内不会感觉到身体不适，但是长此以往，却会对个人的身体健康造成巨大的危害，严重的甚至会危及心理健康。

故事放送

小芳是一位16岁的女孩，在一个寄宿制学校读高一。周末回家，她总是没日没夜地玩，晚上不舍得睡，玩玩游戏、逛逛购物平台、刷刷朋友圈、看看视频（电视剧、综艺节目等），有时候即使感觉手机上没什么好看的了，她还是不由自主地翻了一遍又一遍，不到12点坚决不熄灯睡觉，早上父母怎么叫都不起床，作业总是拖到最后一刻，大多数时间做不完，只能去学校赶作业。

在学校时，小芳也不能好好利用时间，上课注意力不集中，经常发呆走神，晚自习效率较低，作业写不完，只能回宿舍接着写，通常要熬到半夜12点，第二天上课无精打采，昏昏欲睡。小芳的父母针对熬夜玩手机的问题和孩子多次交流，孩子总是说不困、睡不着。父母再多唠叨一句，小芳就生气地回到自己屋里锁起门打游戏。

青少年自制力差，有类似情况的不在少数，一份针对16~20岁人群的调查报告显示，22点前睡觉的不足6.9%；22~23点的占24.14%；23~24点的最多，有48.28%；凌晨以后才睡的高达20.69%。青少年的睡眠时间要满足8~9小时，照此标准，超90%的人都不达标。由熬夜而引发的白天上课无精打采、身体发育缓慢等问题，令父母们担忧不已。

读懂孩子心

一份关于熬夜原因的调查显示，部分同学熬夜的原因是做作业，而更多人则是玩手机、电脑，可见贪玩是最大的原因。特别是在假期，不少人熬夜玩游戏养成了坏习惯，一直到开学都没纠正过来。那么，为什么有这么多青少年经常熬夜呢？原因有以下几种。

1. 褪黑激素分泌高峰期晚于成人

心理学家Carskadon的研究表明，青少年熬夜现象的背后存在着生物基础。她发现青少年的褪黑激素分泌高峰期要比儿童或者成人晚2个小时出现，这种由大脑分泌的激素能使人产生睡意。褪黑激素分泌的延迟与青春期状态有直接的联系。她对已经进入和没有进入青春期的同龄女孩进行比较发现，只有那些已经进入青春期的女孩才会出现褪黑激素分泌激增延迟的情况。因此，青少年熬夜现象与自身的激素分泌有密切联系，"不困"不是借口，是真的。

2. 青少年压力过大

心理压力是个体在生活适应过程中的一种身心紧张状态，源于环境要求与自身应对能力不平衡。它主要来自于社会、生活和竞争三个方面,当人们在现实生活中感受到巨大的心理压力时便会找寻地方进行释放。青少年在成长过程中总会遇到挫折,如学业失败、社会交往恐惧、家庭打击等,在这些挫折带来无法负荷的心理压力时,青少年便会想办法释放。而当诸如旅行、运动等传统减压方式受时间和场所的限制时,青少年往往为了寻求解脱而沉溺于无时空限制的网络游戏之中。因此,心理压力也使得一部分青少年沉迷于网络游戏,这在他们看来是心灵安稳之所。高中阶段的孩子白天学习压力太大,晚上回家熬夜玩手机是缓解压力的一种表现。他们会觉得只有在夜深人静的时候,才有自己的时间,才可以什么都不想,真正去放松。

3. 青少年的时间管理能力不足

不善于管理时间的孩子的特征之一就是想做到什么就做什么,看似投入学习,但并没有主次任务的规划。已经到睡觉的时间了,但一想到上学就不能玩手机了,那就多玩一会儿吧;反正明天是周末,再多玩一会儿吧……殊不知,睡眠不充足会导致白天无精打采,学习困难,压力变大,于是又靠熬夜玩手机来缓解压力,问题又一次陷入死循环。

解决方案一:告知青少年熬夜的危害

青少年熬夜的第一大危害是抵抗力下降。熬夜会破坏人的正常生理周期,导致抵抗力下降。抵抗力一下降,人就会经常感到疲劳、精神不振,感冒等呼吸道疾病、胃肠道等消化道疾病等各种疾病也就有可能找上门来。

青少年熬夜的第二大危害是记忆力下降。从生物学上来说,人的交感神经白天兴奋,晚上休息。而熬夜者的交感神经却是在夜晚兴奋,熬夜后的第二天白天,交感神经自然就难以充分兴奋了,从而导致青少年白天没有精神,头昏脑涨,记忆力减退,注意力难以集中。

青少年熬夜的第三大危害是视力下降。青少年学习压力大,白天因为上课等各种原因,眼睛一直处于工作状态,夜晚因为熬夜,眼睛又难以得到及时休息。这样长时间超负荷用眼会使眼睛出现疼痛、干涩等问题，同时会导致视力下降。

青少年熬夜的第四大危害是影响心理健康。一项对1101名13～16岁的澳大利亚高中生进行的纵向追踪研究发现，深夜发信息的高中生睡眠质量差，心理健康状况也不如从前，出现情绪低落、应对能力下降和自信心不佳等状况。

青春期的孩子时间观念还不是很强，面对年轻的身体也没有爱护和珍惜的意识。因此，父母应该选择合适的机会与孩子进行沟通，告诉孩子熬夜的危害。

解决方案二：制定严格的时间表

为了让孩子能够按时作息，家长可以和孩子共同制定时间表：晚上10点半必须关灯睡觉。家长态度要坚决，孩子必须按时作息，不能因假期、礼拜天而放纵熬夜，更不能熬夜玩手机。当孩子按规定去做取得初步成效时，家长必须及时给予肯定和奖励，这种奖励应以精神奖励为主，也可辅之以必要的物质奖励。反之则必须给予应有的惩罚。

洛斯安第斯大学儿童—青少年精神病学家安德莉亚·阿吉雷解释说，儿童和青少年过度使用手机或长时间盯着电子屏幕会导致睡眠紊乱。"电子屏幕的强光直射眼睛，导致褪黑素和荷尔蒙分泌紊乱，造成使用者晚上难以入睡，同时影响睡眠质量。对青少年来说，这会直接影响他们在校时的表现，使其出现注意力不集中、记忆力下降、易怒易烦躁等症状。"因此，青少年最好不要将电子产品带入卧室。

解决方案三：引导孩子寻找生活乐趣

父母还应当注意，要想让孩子形成按时睡觉、规律生活的习惯，自己就不能当"低头族"，也不要在睡前搓麻将、看肥皂剧。一家人可以在睡前安排读书学习的时间，也可以聚在一起交流分享今天的生活，或者一起做一些简单的睡前运动，帮助睡眠。

前文我们提到，学习压力过大也是孩子熬夜的一大因素。因此，父母可以帮助培养孩子的兴趣爱好，通过多元渠道缓解压力。父母可以多花时间陪孩子阅读和运动，利用周末去亲近大自然，转移学习压力，找到现实生活中的乐趣才是避免青少年熬夜沉溺网络虚拟世界的最好办法。

父母加油站

你会教青少年"时间管理"的能力吗？

不善于管理时间的孩子的特征之一就是想到什么就做什么，看似投入学习，但并没有主次任务的规划。时间管理是一个抽象的概念，但在我们的时间中充满了事件，所以我们能管理的是事件。

有一个这样的故事。课堂上，教授在桌子上放了一个玻璃罐子，然后放进了一些鹅卵石。教授把鹅卵石放完后问他的学生："你们说这个罐子是不是满的？"

"是。"所有的学生异口同声地回答。教授笑着从桌底下拿出一袋小碎石子，把它们从罐口倒下去，摇一摇，问："现在罐子是不是满了？"

大家都有些不敢回答，一位学生怯生生地细声回答："也许没满。"

教授不语，又从桌下拿出一袋沙子，慢慢倒进罐子里，然后又问学生："现在呢？"

"没有满！"全班学生很有信心地回答说。是的，教授又从桌子底下拿出一瓶水，缓缓倒进看起来已经被鹅卵石、小碎石、沙子填满的玻璃罐。

如果鹅卵石、小碎石子、沙子和水分别代表了重要程度和所需时间不同的事情，罐子就是我们的时间，看起来时间很容易被挤满，但如果利用得好，我们可以做更多的事情，而每一件事情都可以有妥帖的位置。如果鹅卵石不是最先放进去的呢？或许再也没有放它们的位置了。

时间管理技巧中有一个重要的四象限法则：画一个坐标系，横坐标代表"紧急事件"，纵坐标代表"重要事件"，我们将按照"重要性"和"紧急性"的不同，把生活中的事件分列到坐标系的四个象限当中。

人们将时间和注意力放在不同的象限会造成不同的区别，这也就是人们时间效率不同的原因。对于"重要且紧急"类事情,我们需要尽快去处理,毫无疑问这类事情需要给予最高的优先级。而对于"重要但不紧急"的事情,人生而有一种惰性,习惯拖延而不习惯立马去解决,对于这类事情不够重视而等到将来去处理的时候,你就会发现事情已

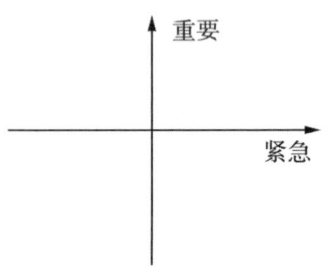

经火烧眉毛了,也就从"重要但不紧急"转变为"重要且紧急"了。比如:老师星期五布置的作业是一件"重要但不紧急"的事情,但孩子经常会放在星期天的晚上去做,而导致这件事变成"重要且紧急"的事情。第二象限的事件被我们拖拉成第一象限,使我们处于焦虑状态,影响我们的情绪和健康。"不重要但紧急"的事情和"既不重要也不紧急"的事情,是我们的兴奋点,我们应控制好这两类事情,将注意力集中在"重要"类事情上。所以,我们在应用四象限法则时的逻辑可以是:

(1)先列出事情的清单;

(2)根据重要性和紧急性判断每件事情的优先级;

(3)根据优先级排序来将各项工作放入4个象限;

(4)将注意力放在"重要且紧急""重要但不紧急"两象限上。

我的教育心得

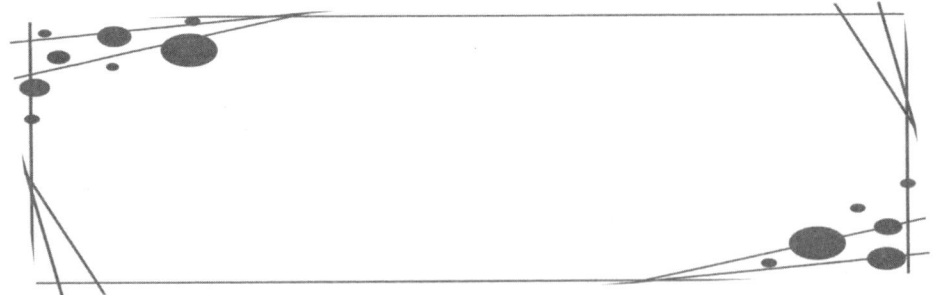

第五节　性教育不必讳莫如深

导读

孩子进入青春期,性教育已是绕不开的话题。然而,传统观念让家长对性教育讳莫如深,九成家长假装不知男女之事,担心诱发孩子早恋,性教育成为禁区。但今天的年轻人生长在一个完全不同的世界。网络的普及意味着年轻人完全暴露在与性有关的图像和文字面前,家长无法为孩子建造一个纯净无污染的空间。孩子对性的好奇、冲动是青春期必然会经历的,父母要主动进行疏导,光是严厉压制和严密看管,结果可能适得其反。

故事放送

朱女士的儿子今年16岁,上高中,学习成绩不错。近来朱女士遇上一件难办的事情,震惊之余又无限心烦和不知所措。

有一天周末,朱女士去超市买完东西回家,孩子的爸爸悄悄告诉朱女士,他发现孩子在偷看涉黄网站里的色情图片。这让朱女士大吃一惊,她一直觉得儿子是那类晚熟的孩子,有些"马大哈",不太懂人情世故,难道进入青春期的孩子都会变得无比好奇？朱女士和孩子他爸商定先假装不知道，至少在没有想到和孩子沟通的最好方式前保持比较"淡定"的一种状态。

有一天吃完午饭，孩子找数据线，说是要下载东西，朱女士也没特别在意。可后来不小心看到儿子的手机里面竟然有色情图片，这次的发现让朱女士"淡定"不下来了。尽管此前也听说有不少孩子会用手机上涉黄网站，但一旦面对的是自家孩子，朱女士的内心就特别不是滋味。朱女士展开一系列思考，孩子在学校是不是谈了女朋友？会不会影响学习？朱女士越想越担心。

孩子偷看色情图片，这样的心理正常吗？作为父母到底该怎样对待？是睁一只眼闭一只眼，还是坚决制止，抑或该为孩子补上青春期教育这一课？

读懂孩子心

每个人都走过青春期，这个阶段，对世界、对自身、对性的好奇同样是每个人都上过的"必修课"。只不过有人上得认真，有人上得懵懂，有人在错误老师的错误引导下学出了偏差。而这门功课最好的老师，是家长。在网络资讯发达的今天，如何引导孩子正确了解性知识、抵制不良性资讯的诱惑，是很多家长或多或少要面对的一个课题。

青春期的孩子由于荷尔蒙分泌对性产生了兴趣，这是一件非常正常的事情，如果没有兴趣才不正常。进入青春期后，孩子会出现第二性征。女孩子胸部逐渐隆起，经历初潮；男孩则骨骼变得粗大，出现梦遗。这种身体上的变化会引起孩子精神上、心理上的变化，孩子开始有了模糊的性意识，对异性的好奇心也会随之加剧，这种好奇心很容易发展为对异性的好感。

另外，现在的信息网络高度发达，在较高好奇心和较少自控力的驱使下，未成年人偷偷摸摸在网络上接触这方面的信息，在看的时候，感受到加倍的刺激和兴奋，更容易上瘾成痴。

专家来支招

遇到性教育问题时，家长不必讳莫如深，请注意以下几点：

解决方案一：尊重孩子隐私，相信自己的孩子

如果父母不经意发现孩子偷看色情图片，或者动不动把房门锁上偷偷地发短信或打电话等，父母就会怀疑孩子是不是早恋了，为了确认情况，可能还会翻看孩子的学习用品、手机等。偷窥孩子的隐私，这是不尊重、不信任孩子的行为，非常不得体。当孩子认为父母侵犯了自己的隐私，在监视自己时，就会拒绝和父母说话，导致孩子更加叛逆。一个心理健康的孩子，即使看了黄色图片也不会变坏，他们做事是有自己的底线的。家长要相信自己的孩子只是一时好奇，等过了这个年龄阶段，这个问题自然而然就消退了。

解决方案二："禁"不是办法，切勿简单粗暴

对于孩子偷看色情图片、书籍甚至影片的行为，绝对禁止并不是最好的办法，千万不要直接拿着"证据"去质问孩子，沟通时一定要注重自己的语气，让孩子感受到父母的关心和尊重。

那么家长该怎么做呢？

首先，合理利用网络、手机。家长可以告诉孩子，他们有学习各种知识的自由，但是必须以保证正常的学业和生活为前提。

其次，转移注意力。多带孩子出去接触人群，鼓励孩子参加各种体育锻炼，学习各种感兴趣的技能，转移他们对"性"的注意力和渴求。

最后，为孩子提供正确的系统了解性知识的渠道。告诉孩子，对"性"的好奇是正常的，但是了解了并不代表现在就要去实践。

解决方案三：开展正确的性教育

有些家长平时对与"性"有关的话题讳莫如深，觉得不讲可能孩子还不知道，讲了的话会引导孩子更加关注这方面。其实，家长平日里就要适当地和孩子做一些这方面的交流，可以告诉孩子，如果想谈这方面的事，爸爸妈妈随时欢迎。如果平时从未涉及，一下子要和孩子讨论这方面的问题，那么不但孩子会尴尬，家长本身也很难开口。家长也可以与孩子一同洗澡，通过相互搓背、聊天，来增加父子或母女之间的感情交流，建立起更融洽的亲子

关系，也可以自然而然地展开性教育。如果孩子愿意和家长沟通，家长可以告诉孩子"你能如实跟妈妈（爸爸）讲，妈妈（爸爸）非常感激你"。当孩子意识到父母对自己的信任和尊重时，也会相信他们，愿意深入对话。父母可以把自己所担忧的事情讲给孩子，孩子也会愿意将自己的困惑讲给父母听。

另外，和孩子开始"性"话题之前，请家长们先做好相关的知识储备，购买一些正规的性教育书籍和孩子分享是一个不错的选择。如果觉得性教育很难开口，也可以买一些相关的教育书籍放在显眼的地方，让孩子主动阅读，既避免了尴尬，也同样可以收到很好的教育效果。父母也可以与孩子一同观看性教育影片，在观看中向孩子传授性知识和解答一些常识性的问题。如果家长觉得自己做不到的话，寻找有经验的亲戚朋友来给孩子上这一课，或者向专业人士求助，都不失为一种可行的方法。

在进行性教育的时候，除了健康的性观念和性知识外，针对女孩子的自我保护教育也非常关键。比如独自外出要提高警惕、不与陌生网友见面、不要让人随便碰触身体、两性交往注意事项等等。网上相关新闻显示，上海一名18岁少女在自家的洗手间产下女婴后，竟把女婴从六楼的窗口抛出导致女婴死亡。更令人震惊的是，与她朝夕相处的父母竟然不知道自己的女儿已经怀孕。从这个新闻可以看出，家庭性教育的缺乏是多么可怕。

青春期自我保护

孩子在从少年向青年的过渡时期，由于生理发育和心理发展的急剧变化，不可避免地会出现一些问题，如对自己的生长发育感到好奇，不能正确处理男女间的关系，不能自爱自尊，误入歧途等。还有很多孩子不了解自己身心的变化，缺乏自我保护的意识和能力，使犯罪分子乘虚而入，侵害青少年的身心健康。我们应该告诉青少年，要远离不安全的人和情境，要对带有性骚扰性质的举止和言行保持敏感，并且及时回避；要在适当的时候及时求助等等。

那么如何辨别性骚扰呢？

许多人会对加害者的举动是否构成性骚扰不确定，也不确定对方是否"故意"。这里，我们要告诉青少年：判断是否构成性骚扰的标准不是加害者的动机，或者加害者有无意图。许多不经意的行为也会造成我们的"不舒服"。因此，首先要关注自己的感受。对于让你感到"不舒服"的事和人，第一步要及时、明确地回避。回避本身就是表明态度，回避的过程中可以有意呈现厌恶的表现让对方看到。如果对方继续其行为，就需要明确地用语言表达你的不满，一开始可以客气地说："对不起，我很不喜欢这样。"或者："你的言语（或行为）让我很不舒服，请不要再这样。"如果对方仍然继续其行为，你就需要向别人求助了，比如同学或老师。

家长也可以从以下几个方面对青少年进行自我保护的教育：有意识地对孩子进行一些法律方面的教育，传授防暴技能，向孩子科学地讲授一些生理知识等。

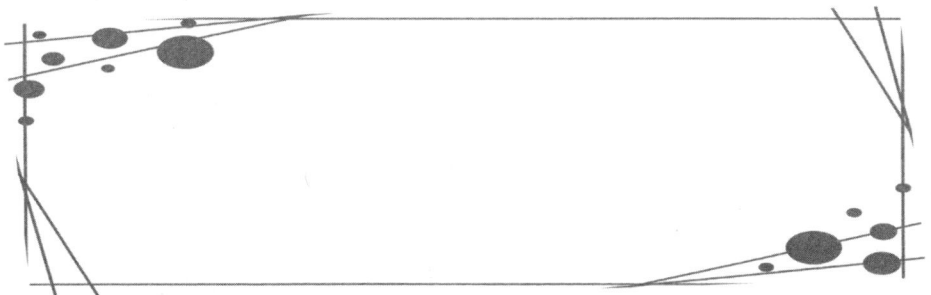

第二章 帮助孩子爱上学习、学会学习

孩子偏科严重,英语总是不及格,我该怎么办呢?

孩子总是慢慢悠悠,不懂得珍惜时间,制定了计划不能很好地执行,该学习的时候玩手机,该睡觉的时候赶作业,我要24小时看着他吗?

孩子对我说,他不想学习,不知道学习是为了什么,我该怎么回答他的问题呢?

孩子早出晚归地上学,周末也不休息,奔波于各个辅导班。一到考试大家都傻眼了,成绩为何这么低?

孩子手机不离手,聊天软件滴滴答答响个不停,没收手机是长远之计吗?

第一节　孩子偏科怎么办

导读

一个水桶最终的盛水量取决于桶壁最短的那块木板，而学习中最弱一科的成绩也是影响整体成绩的重要因素。高中学业压力大、学习科目多，学业水平考试有10科，高考科目有6科。所学科目全都优异的孩子占少数，但多数都有一科甚至几科特别差或者特别好，这就是偏科。偏科，几乎是每个人在学习生涯中不可避免的，高中生尤甚。那么，面对这个问题，孩子和家长应该怎么调整呢？

故事放送

小周是一个成绩优异的高二学生，学习成绩在中上游，但是，无论他怎么努力也无法超越前面的几个同学。原因是小周的数理化成绩特别出色，几乎每次都是满分，但是英语太差了，总分150分的英语，能考80分就属于超常发挥了。为此，英语老师经常给小周补课，家长也请了家教给他一对一地辅导，但效果不大。小周自己说："数理化的题目，不论有多难，我看一遍就有思路了，就知道该用哪个知识点、哪个公式了，很有成就感。但是，看到英语，看到单词就害怕，听力听三分钟就无法集中精力了。比较短的单词，我也得花很多时间去记忆，可是，数理化公式再长，我也能在短时间内准确记忆。"

很显然，小周的智力水平绝对没有问题，甚至比一般人强。那他为什么偏科这么严重呢？小周有时候发牢骚：为什么要学英语呢，只学习自己的优势学科不就好了吗？抱怨归抱怨，牢骚归牢骚，英语还得抓起来，毕竟英语还是高考的必考科目，偏科在升学时绝对是致命伤。

孩子的偏科根源是什么？

我认为大体可以分以下几种情况：

1. 受老师影响

有些家长经常说：初中时孩子的物理可好了，怎么到了高中这么差了？造成这个现象的原因，除了学业难度加大之外，还有孩子对老师教学方法不适应的问题。不适应导致成绩下降，成绩下降后，孩子对这个学科就丧失了兴趣和信心，形成恶性循环。

2. 每个人的智力特点有差异

从美国发展心理学家加德纳的多元智力理论得知，每个人至少存在 7 种智力，即言语、逻辑、视觉、音乐、身体、交往、自知。7 种智力以不同方式、不同程序组合在一起，使得每一个人的智力与众不同、各具特点。例如：有的孩子逻辑思维能力强，数理化学习轻松且成绩较好，但语文和英语就很差；有些孩子的文学素养高，语文写作和英语阅读能力很强，但是数理化学习较为吃力。

3. 兴趣的缺失

兴趣是学习的动力，也是最好的老师。"不喜欢""没感觉"等情绪将在潜移默化中造成学生在学习的时间和精力投入上的差距，这种差距经时间放大，便导致了偏科现象的发生。

4. 学习方法不正确

都说努力很重要，但其实选择正确的方法比努力重要一万倍。找错了方向，越努力，离成功越远。

同样智商的学生，学习方法上的差异导致的成绩差异是显而易见的，因此良好的学习方法是规避偏科现象的重要手段。不同学科在学习方法上存在的差异性，甚至同一学科的不同知识板块，对人的智力因素、知识本身的特性等的要求都不同；新知识的学习和综合复习的方法也不同。

5. 家庭环境的影响

孩子的学习成绩跟家长的职业和习惯有着千丝万缕的联系，家庭的文化氛围潜移默化地影响着孩子的兴趣选择。有的家长是搞计算机的，他的孩子可能从小也对计算机产生兴趣，对数字和网络比较情有独钟；有的家长爱好文学，孩子从小耳濡目染，长大后也喜欢读书写作……虽然有家长对孩子进行引导是很好的，但也要注意孩子的全面发展。

6. 学校因素

有的学校重视人文教学，对文史类的科目比较重视，孩子也会不知不觉地重视文科科目；有的学校注重逻辑思维的训练，孩子则会把大量时间放在理科科目的学习上。如果学校没有侧重，孩子也会侧重一些考试的科目，而一些不受重视的科目，由于受大环境的影响，孩子也会不重视。

解决方案一：调整心态，树立自信心

如果出现了偏科，家长、学生都不要太着急！

家长首先要把自己的心态调整好，然后教育孩子要自信，不要自卑，让孩子给自己积极的心理暗示：加油，我一定能行！

同时，面对孩子偏科的问题，家长和孩子都要做好打"持久战"的准备，从一点一滴做起，不要贪多，更不能逃避，要积极帮助孩子纠正偏科现象，千万不要和其他的同学比较,告诉孩子下一次比这一次成绩进步就可以了。

解决方案二:消除对老师的个人看法

作为家长,一定要教育孩子学习是自己的事情,不是给老师学的,更不能因为不喜欢某个老师,就不喜欢他所教授的课。因个人情绪而厌恶某一学科,甚至放弃学习,是非常愚蠢和不理智的行为。提醒孩子,应该积极和老师沟通,说出自己的想法,接受老师的纠正和帮助。"亲其师、信其道"方能"乐其学"。

解决方案三:在不擅长的学科上花更多的时间

有些人一提起不擅长的学科就非常烦恼,学习时提不起精神,兴趣索然,因此用在这些学科上的时间和精力大大减少,进而导致这些学科的成绩越来越差,形成恶性循环。要终止这一循环,只有一个办法,就是硬着头皮在不擅长的学科上花大量时间。

凡是不擅长的学科,大都是不感兴趣的,因此,如果一开始便在差的科目上投入大量时间,必然会倍增烦躁与厌倦。正确的方法是按照学习目的制定出一份时间表来。比如今天只复习某一科的某一小节,时间不超过半小时,在这半小时里踏踏实实地把这一小节弄懂了,就改学别的科目。时间一长,对差科的学习兴趣就会逐渐培养起来。也可以把不擅长学科的学习穿插在其他学科之间进行,做短时间内的多次重复。

解决方案四:将最基本的知识理解透彻

这里所说的"透彻",绝不是随便看几眼,稍加重复即可的,而是极为严格的意思。它要求你只能前进不能后退——不理解透彻绝不能罢休。

如学英语,不仅要对单词、语法、基本句型等最基础的东西彻底理解,而且要背得滚瓜烂熟。无法做到这一点,战胜不擅长学科的计划只能是纸上谈兵。

解决方案五:加强薄弱环节

告诉孩子:倘若对不擅长的学科稍加分析,便能发现,有的内容你也略知一二,并不都是一窍不通。这是常见的现象,如果你能做地毯式的清扫工作,把薄弱环节一一找出、逐个击破,你将会逐渐恢复对这些学科的兴趣。

对于孩子不擅长的科目,不要一开始就让孩子做太难的题目,这样只会浪费孩子的时间,不但不能提高成绩,反而会让孩子丧失学习兴趣和自信心。因此,家长要让孩子从简单的习题入手,牢牢掌握课本上最基础的知识,在确保孩子完全掌握了课本上最基础的知识后,再适当提高题目难度。

解决方案六:重复一万次

这不是说真要记上一万次,很多重要的内容我们简单地记几次可能会非常容易忘记,其实这是很正常的,并不是我们的记忆力不好。那些很复杂的内容,一定要多次重复记忆才能牢牢地记在脑海中。一定要有坚持到底的毅力、重复一万次的决心,才能获得令你满意的效果。

从偏科生到物理巨擘

中国近代力学奠基人之一,著名科学家、教育家和社会活动家钱伟长于 2010 年 7 月 30 日 6 时许在上海逝世,享年 98 岁。

钱伟长一生传奇,年轻求学时弃文从理,只因为"祖国的需要就是我的专业";作为"两弹一星"元勋,他与钱学森、钱三强并称"三钱";晚年,他倡导的学分制、三学期制成为教育改革的里程碑……

因"九一八事变"弃文从理

1912 年,钱伟长出生于江苏无锡一个诗书家庭。在 18 岁那年的高考中,他以中文和历史两科 100 分的成绩走进了清华大学。

钱伟长属于"偏科生",在数理化上一塌糊涂,物理只考了 5 分,数学、化学共考了 20 分,英文因没学过是 0 分。但正是这样一个在文史上极具天赋、数理上极度"瘸腿"的学生,却在一夜之间做出了一个大胆的决定——弃文从理。这个决定缘于他进入历史系的第二天,这一天正是 1931 年 9 月 18

日，日本发动了震惊中外的"九一八事变"，侵占了东北三省。从收音机里听到这个消息后，钱伟长拍案而起："我不读历史系了，我要学造飞机大炮。国家的需要，就是我的专业。"起初，物理系主任根本不收他，经他软磨硬泡才勉强同意，但只能试学一段时间。为了能尽早赶上课程，他早起晚归，废寝忘食，极度用功。毕业时，他成了物理系成绩最好的学生之一。

论文曾让爱因斯坦感叹

1935年，他考取清华大学研究院和高梦旦奖学金，在导师吴有训的指导下做光谱分析；1940年8月，他赴加拿大多伦多大学，在J.L·辛格教授的指导下研究板壳理论，1942年获博士学位；1942年至1946年，他在美国加州理工学院和喷射推进研究所，与钱学森、林家翘、郭永怀一起，在世界导弹之父冯·卡门教授的指导下从事航空航天领域的研究工作。钱伟长的博士论文《弹性板壳的内禀理论》发表于冯·卡门的60岁祝寿文集内，爱因斯坦看后感叹："这位中国青年解决了困扰我多年的问题。"此文奠定了钱伟长在美国科学界的地位。

中美交战时拒绝为美国效力

1946年，在国外生活得很好的钱伟长回到国内，到清华大学任教。他曾回忆说："我是中国人，我要回去。虽然回国后，第一个月的工资只够买一个暖水瓶，但我从来没有后悔过，更从来没有对国家丧失过信心。"1947年，钱伟长获得一个赴美从事研究工作的机会。在美国领事馆填写申请表时，他发现最后一栏写有"如果中国和美国开战，你会为美国效力吗？"，钱伟长毅然填上了"NO"。

倡议拆掉"四堵墙"

1983年，钱伟长辞去从事了38年的清华教授职务，只身到上海工业大学担任校长。担任校长期间，钱伟长提出"三制"——学分制、选课制和短学期制，这些当时看来十分"前卫"的教改措施，如今已成为高等教育的主流制度。

钱伟长倡议拆掉各系科、专业、部门，以及教育和科研之间的"四堵墙"，抓师资队伍、科学学制、办学设施等方面的建设，也抓学生的全面发展和素质培养。他说："我从美国回来就是为了祖国，我要培养更好的学生！"

钱伟长认为，大学教育必须首先打好基础，专业不应分得过细；教师不只是传授知识的，还要培养学生的自学能力和创新能力；科学家不是在大学的"摇篮"里培育出来的，而是在长期建设工作的实践中锻炼成长的。

享誉世界的著名科学家

钱伟长是著名力学家、应用数学家、教育家和社会活动家，中国近代力学、应用数学的奠基人之一。他兼长应用数学、物理学、中文信息学，著述甚丰，特别是在弹性力学、变分原理、摄动方法等领域有重要成就。国际上，以钱氏命名的力学、应用数学科研成果有"钱伟长方程""钱伟长方法""钱伟长一般方程""圆柱壳的钱伟长方程"等等。

"科学老爷爷"竟是铁杆"体育迷"

"活到老，学到老，做到老"是钱伟长的口头禅。"我36岁学力学，44岁学俄语，58岁学电池知识。不要以为年纪大了不能学东西，我学计算机是在64岁以后，我现在也搞计算机了，当然不像年轻人那么好，不过也吓不倒我。"

在很多场合，钱伟长总要现身说法，畅谈自己对体育一往情深的渊源。他幼时家境清寒，身体很瘦弱。18岁那年考入清华大学时，身高只有1.49米。然而，就是这样一个"清华历史上首位身高不达标的学生"，在就读的第二学年，竟一鸣惊人地入选清华越野代表队，两年后更以13秒4的成绩夺得全国大学生对抗赛跨栏季军。他曾代表国家队参加远东运动会，跨栏、越野跑样样拿手，还是清华足球队的球星呢。

第二节　远离拖延，高效学习

导　读

通过观察和调查我们发现，大部分同学时间观念不强，不懂得珍惜时间，不知道如何合理利用时间，做事拖延、没有紧迫感和计划性。人们常常说时间是指间流沙，是握不住的。怎样让这流沙变得更有价值，是每个人都面临的问题。在学习生活节奏如此快的高中时代，有太多的事需要同学们去处理，从哪一件事情先做起，成了艰难的抉择。与此同时，拖延症、选择困难症这样的词汇又慢慢步入了同学们的生活。有的同学说自己有拖延症和选择困难症，其实是在为自己成了时间的奴隶找借口，用新奇的词汇包装自己不会合理安排时间的事实。什么是拖延症？拖延症该怎么克服呢？

在一个普通得不能再普通的星期六，小鹏睡梦正酣。

闹铃声响起，时间：7∶00。

小鹏：（翻个身，伸个懒腰，摁掉闹钟，语气烦躁迷糊）这破闹钟，谁定的，烦死人了！啊～好困啊！（蒙头继续睡）

闹钟声又响起，时间：8：00。

小鹏：（坐起来，崩溃大喊）吵死了，破闹钟，真烦人！（关掉闹钟，继续睡，用枕头蒙住耳朵）

闹钟声继续响起，时间：9：00。

小鹏：（愤怒地坐起来，抓起闹钟，往地上狠狠地扔，表情愤怒和不耐烦并大吼）啊啊啊啊啊！让不让人好好睡觉了，我可是凌晨四点才睡的！（身子直直地倒下，继续睡）

9：30了，小鹏还没有醒来，妈妈决定去叫叫他。

妈妈：小鹏啊，怎么还不起啊，再不起，作业就写不完啦！快起床！

小鹏：（刷地一下坐起来，表情绝望，完全清醒了）妈～我错了，我马上起，妈，你别生气！

妈妈：那快起！我有点事出去一下，没空给你做饭了，你就自己做饭吃，再把碗洗了，顺便打扫一下家里的卫生，不要忘了写作业，下周就要考试了，要好好复习，不要总想着玩……

小鹏：妈，妈～你是我亲妈欸～我知道了，我会好好学习哒！

妈妈：那行，那我走了，我11：30回来看你的作业哈！

小鹏刷完了牙，洗完了脸，此时已经9：50了，小鹏准备开始做饭干家务了。

小鹏：哎呀！累死了，在学校这么费脑子地学习，回家还得接受身体上的摧残，这是啥事啊！

突然，小鹏的电话铃响了。

小鹏：（看一眼屏幕，高兴地接起电话）老铁啊！咋突然给我打电话了，有事儿啊？说！

老铁：（在电话那头着急地说）快快快！出事了，赶紧上王者，快打排位赛！这期马上就过了，我们一定要上钻石。

小鹏：好好好，等着啊，我马上上线。

小鹏挂断电话，登录游戏，早就将学习抛在脑后。

等小鹏打完游戏，已经 11 点多了，作业一点也没有写，由于时间都浪费了，小鹏只能在很短的时间把作业草草写完，作业质量更是无从谈起。

妈妈：你先把作业完成，写完后有时间就玩玩手机放松一下也行啊，老是往后拖、往后推，对学习影响太大了。

小鹏：我想先完成任务，但总是控制不住，不知不觉地就拖到了最后，时间没有了，只能应付作业。长期这样，我也越来越急躁，学习成绩也一直无法提升，真不知道怎么办。

读懂孩子心

很多同学说：我有学习的心，但制定了学习计划后，却很难坚持执行，每天拖延一点，直到最后全盘放弃。到底该怎么做，才能高效地学习，完成学习任务？

在心理学上，拖延症也是一种疾病。拖延症是为逃避事物带来的痛苦，在能够预料后果有害的情况下，自我调控失败，仍然把计划要做的事情往后推迟的一种行为。严重的拖延症会对个体的身心健康带来消极影响。比如会使个体出现强烈的自责情绪、负罪感，不断地自我否定、贬低，并伴有焦虑症、抑郁症等。拖延症是怎样产生的呢？

1. 不自信，甚至是自卑

很多人都有自卑心理，认为自己处处不如人，他们宁愿让人认为自己没有下足够的力气，也不想让人认为自己没有能力，总是在自我封闭和自我逃避，担心受到指责和批评。

2. 追求完美，对自己要求太高

有的同学太想把一件事情做好，总担忧自己不完美就没有人会喜欢，于是就想把事情一次做好，做了各种各样的计划，却不愿意匆忙开始，非要等万事俱备，所以就一直没有行动。完美主义者过分在意别人的看法，希望自己的行为可以得到认可与赞扬。

3. 贪玩，好逸恶劳

这一点甚为普遍，人有各种各样的需求，生活中有形形色色的诱惑，而我们自制力却不强。就像故事放送中的小鹏，明明制定了任务，朋友打电话约打游戏后，就把学习任务推后了。

4. 消极颓废，缺乏干劲

有的同学总觉得学习、作业十分困难，总是暗示自己处理不了，从内心就不愿意积极地去处理问题，懒散颓废，提不起精神来，等到不得不去处理的时候，时间没了，精力也不够了，只能草草了事。

专家来支招

解决方案一：丢弃自卑，树立自信心

放弃所谓的面子，真真正正地做回自己，不要太在意别人的看法。如果是因为自己的能力不行而做事拖延、慢，可以尝试跳出自我封闭的圈子，努力去和别人沟通，多交流，在交流中就可以慢慢变得自信阳光。有了自信，学习和做作业的效率肯定会大大提升的。

解决方案二：制定具体的计划

给自己制定每日计划、每周计划甚至是每月计划，给计划做好梯度，由易到难、由浅到深，让自己有能力完成但是不至于很困难，体会到完成计划的乐趣之后，就可以制定些难度更大的计划，一步一个台阶，越来越向上。

解决方案三：找人监督，适当奖励或者惩罚

找好朋友或者家长对你进行监督。当你完成任务，没有拖延时，给自己一些物质奖励或者精神奖励;当又出现拖延的症状时,给自己一些惩罚。奖励和惩罚都不能过重,能起到激励和警示的作用就行。不断缩短留给自己的时间,长此以往,好的习惯就养成了。

解决方案四:消除干扰,积极应对

尝试找一个安静的学习环境,没有网络、没有手机、没有电视,把外界的干扰统统消除,然后开始学习、写作业,效率会高很多。干扰消除了,心也不浮躁了,学习肯定会事半功倍,这种积极的心态,也会使孩子越做越好。

高中生时间管理方法

善于抓住最高效的时间学习

科学家经过多年研究证明,人在一天 24 小时内的工作效率有高潮和低谷,对于大多数人来说,上午 8~10 点、下午 3~6 点是效率最高的时间。上午 8 点大脑具有严谨、周密的思考力,下午 2 点思考能力最敏捷,晚上 8 点记忆力最强;而中午 1 点左右是脑力和体力最低的时间,也是学习效率最低的时间。

一般来说,早晨是学习的最好时光,中国有句谚语"一年之计在于春,一日之计在于晨"。有人就属于"百灵鸟型"的人,早晨头脑清醒,学习效率最高。当然,个人因情况不同,具体的最佳学习效果时间会有所不同。

善于利用零星时间

将要成年的高中生如果再没有一点自主的时间管理意识,那将是一件非常危险的事情。这绝不是什么危言耸听的话,因为时间管理将陪伴人的一生,如果在青年时期没有养成良好的时间管理习惯,对于今后的学习、工作是非常不利的。

确定个人学习的最佳时间点,并长期合理安排时间,便可以形成习惯的节奏和规律。一日之中几点钟做什么,接下来做什么,有条不紊,时间长了便自成一种用时规律。在规律的时间中，头脑最清醒的时间无疑要用来背诵、记忆、创造；其他时间则用来阅读、浏览、整理资料、观察、实验。合理地安排时间，一定会大幅提高自己的学习效率。

我国著名数学家苏步青教授经常用零星时间著书立说，他说："我用的是零布头，做衣裳有整料固然好，没有整段时间，就尽量把零星时间利用起来，天天二三十分钟，加起来可观得很。"相对论的创始人爱因斯坦就是一个"寸阴必争"的科学家，他利用等朋友的时间踱步思考解决了一个重大的数学问题。达尔文也说："我从来不认为半小时是微不足道的一段时间。"高中生在一天的活动中，也有许多零星时间是可以利用的，正如鲁迅先生所说："时间就像海绵里的水，只要愿挤，总还是有的。"因此，要善于聚时，把小段时间聚集起来化零为整，积少成多，精心使用；珍惜一分一秒的时间，利用一切可以利用的时间，把"零头布"拼接成有用之才；做到小时小用，也是在为积聚大段时间创造条件，成为大时大用。

当然，利用零星时间，必须要有勤奋吃苦的精神、顽强的意志和毅力，克服惰性和随意性。一是要重视，二是要坚持，三是要有方，只有这样才能使用好可能使用的零星时间，积学问，长才干。

高中生应该学会的 12 种时间管理方法

1. 做对的事情要比把事情做对更重要：做对的事情，是有效果；把事情做对仅仅是有效率。应首先考虑效果，然后才考虑效率。

2. 区分紧急事务与重要事务：紧急事往往是短期性的，重要事往往是长期性的。学会让重要的事情变得紧急是高效的开始。

3. 将罗列的事情中没有任何意义的事情删除掉。

4. 不做完美主义者：不要追求完美，而要追求办事效果。

5. 巧妙地"拖延"：如果你不想做一件事情，可以将这件事情细分为很多小的部分，只做其中一个小的部分就可以了，或者对其中最主要的部分最多花费 15 分钟时间去做。

6. 学会说"不"：一旦确定了哪些事情是重要的，对那些不重要的事情就应当说"不"。

7. 有计划地使用时间。

8. 目标明确：目标要具体、有可实现性。

9. 将要做的事情根据优先程度分先后顺序：生活中80%的事情只需要20%的努力即可完成。剩下的20%的事情才是值得做的，应当付出80%的努力，享有优先权。因此要善于区分哪些事是有价值的事情，然后根据价值大小，分配时间。

10. 将一天从早到晚要做的事情进行罗列，按照重要且紧急、紧急但不重要、重要但不紧急、不重要也不紧急分类，按照处理事情的先后顺序，一件件逐项完成。

11. 为每件事制定具体的时间结束点。

12. 遵循你的生物钟：搞清楚自己办事效率最佳的时间，将应优先办的事情放在最佳时间里完成。

第三节　寻找学习的动力

导读

高中对于学生来说无疑是最为重要的一个阶段,高中生学习动力不足导致的很多问题让家长很担心,同时学生自己也感到苦恼。这些同学也经常进行自我思考,分析原因,他们也有自己的目标,但动力不够,没有足够的激发后劲,所以很苦恼。这种心理和表现,说白了就是对自己在学习上的表现感觉信心不足。其实没有行动力、对未来感到迷茫是所有学生都有过的烦恼。经常感到厌烦,对什么都不感兴趣,注意力维持时间很短,上课时目光游移不定,心思不定,不知自己在想什么,也不知老师在讲什么,无法把注意力集中到课堂上来,当转移环境或环境嘈杂时,亦出现分心现象,无法正常学习,这是许多学生遇到的问题。

故事放送

李老师半路接到这个高二的班级后,首先对班里学生的学习情况做了摸底,发现张同学的成绩不错,而且是班长,所以心底对这个孩子比较重视。

一次月考结束后,张同学考了班里前五、年级前50,李老师鼓励他要再接再厉,他自己也非常高兴。有一段时间,学生之间狂热聊起了"王者荣耀",张同学也参与其中。后来张同学陆续出现一些毛病,例如上课迟到,自习课说话,上课注意力不集中等。李老师找他谈话后发现,张同学觉得自己在学习的时候别人在聊游戏,时间长了感觉和同学们有了距离,自己也得参与其中才行。后来的几次考试张同学成绩一落千丈,逐渐导致学习的欲望和动力不足。

班里还有一位尹同学,上课老爱睡觉,成绩不理想。李老师侧面了解到,尹同学的爸爸平时对孩子学习的关注度不高,与孩子的沟通也存在一些问题。尹同学说,他在家很少会和家长谈论学习,每次一看到成绩,爸爸就会骂他,两人经常发生争执。

青春期是一个既可以预测又不可以预测的时期

青春期是一个反抗时期。在很早以前,德国著名儿童心理学家夏洛特·彪勒就曾把青春期称为"消极反抗期"。此后这一名称一直被使用。由于身心的逐渐发展和成熟,个人在这个时期往往对生活采取消极反抗的态度,否定以前发展起来的一些良好品质。这种反抗倾向会引起青少年对父母、学校以及社会生活的某些要求、规范的抗拒态度和行为,从而引起一些不利于其社会适应的心理健康问题。青春期的孩子对人际关系敏感,生怕被周围人隔离、疏远,从而盲目地去附和,不能理性地分析事情的好坏。这个时候家长的引导非常重要,如果不能正确对待孩子的叛逆,只一味地批评和指责,会让孩子在叛逆的道路上越走越远,家长和孩子之间的隔阂也会加深。

拒绝学习不是孩子的责任,至少不全是孩子的责任

造成学习动力不足的原因是多种多样的,缺乏学习兴趣、家长和老师的讽刺和打击、家庭教育失误等等都是不容忽视的原因。请家长仔细回想一下,

孩子在学习的时候你是不是总是拿着手机看新闻或聊天，孩子请求帮助的时候你是不是常说"等会儿""爸爸忙着啊"，孩子考得不好时你是否耐心帮助其寻找分析原因？家长总以工作忙为借口忽视与孩子的沟通交流，错过了一次次见证孩子成长的机会，当孩子出现这样那样的问题时，家长却在感叹怎么会这样。

外部环境影响

当今的社会环境，尤其是网络对学生思想的影响很大。许多家长没有起到好的榜样力量，许多孩子沉迷于游戏，活在虚拟的世界，无法处理现实中的人际关系，缺乏简单的交流能力，丧失学习的兴趣，找不到学习的动力。此外，有人称现在的社会为"熟人社会"，就算孩子学习很差，但是家长通过找关系、托熟人也能帮孩子找到不错的工作。这种风气对于高中生的心态有很大影响，助长高中生"读书无用论"想法的滋生，使高中生缺乏学习动力。

解决方案一：找到原因，走进孩子的内心

造成孩子学习动力不足的原因一般有如下几个方面：

1. 孩子没有形成良好的学习习惯，加上父母对孩子的期望值过高，没能正确对待孩子的成绩，对孩子不断批评、指责、进行不当的比较，才使孩子产生己不如人的想法，从而强化了孩子的自责，压抑了孩子的进取心和创造力，使孩子学习动力缺失，产生厌学的情绪。

2. 没有明确的学习目标。当孩子心灵深处没有对未来的渴望和梦想时，他就不会有明确的学习方向，没有为实现目标而努力的动力，学习也就处于一种被动状态。

3. 缺乏学习兴趣。孩子对学习缺乏兴趣，就不能把心思集中在学习的对象上，因此对学习知觉迟缓，注意力不能完全集中，观察和记忆也无法做到准确和持久，思维活动也会受限，不能产生内在的动力。

4. 学习中的挫折感强。当一个孩子在学习上失败的时候多，成功的时候少时，挫折感会致使孩子厌倦学习，对待听课和作业提不起精神，学习时投入的精力就会很少，使自己的智慧得不到运用和发挥。

5. 错误归因。好多孩子在偶尔的学习失误中，错误地自我否定，认为自己太笨，天生不是学习的料，加上家长没有及时鼓励和引导，所以学习起来越来越没信心，使得智力活动缺少了"发动机"的带动。

6. 家长和老师的讽刺和打击。当孩子犯了错误或学习成绩下降时，如果得到的是老师和家长的讽刺、挖苦，孩子的积极性会受到极大的打击，心理压力增大，导致出现自卑和逆反的心理，从而丧失学习动力。

结合自己孩子的表现，家长要帮助孩子寻找原因，设身处地从孩子的角度考虑问题。家长也是从学生时代过来的，可以给孩子讲一下自己上学时的趣事，给孩子创造轻松愉悦的谈话环境，让孩子袒露心声。家长还可以周末带孩子出去旅游，探寻孩子的兴趣所在，多认可与鼓励孩子，走进孩子的内心。

解决方案二：与孩子一起制定学习计划，集中注意力

青春期的孩子遇事急躁，注意力不集中，自制力弱，所以家长一定要做到冷静耐心，帮助孩子制定学习计划，训练孩子的注意力。集中精神的最大障碍在于缺乏动机。一个人倘若对功课既无兴趣，也无法找出任何意义，这时要集中注意力是不可能的。怎样才能对乍看之下不感兴趣的功课集中起注意力呢？

1. 应用期限效果集中注意力

首先，设定一个期限。其次，对讨厌的工作制定终了时间，有"期限"的强迫，孩子就不得不集中精神了。

2. 应用报酬效果集中注意力

首先，可以给孩子定个奖赏，作为学习的报酬。这个报酬，可以依孩子的需要和兴趣来定。其次，遇到困难的工作可用假想敌人和处罚来激励孩子。

3. 利用目标明确化集中注意力

首先，将大目标明确化。对学习不感兴趣时，往往只要能够明辨目标便

能产生注意力。其次，把目标用文字或图表来表示，可帮助提高注意力。

4. 应用愉快经验集中注意力

如果在学习上体验到成功的滋味后，便可拥有愉快的经验，这种愉快的经验会鼓舞孩子的斗志，从而接受不喜欢的功课。

5. 节奏分明地处理学习与休息的关系

千万不要这样学习：我这一天就是复习功课，别的什么都不干。然后，从早晨开始就书不离手，看似一直在复习功课，其实一会儿干干这个，一会儿干干那个，效率很低。结果一天过去了，休息也没有休息好，玩也没玩好，学习也没有什么成效。这叫学习和休息、劳和逸的节奏不分明。正确的态度是劳逸分明，比如集中一小时的精力，背诵80个英语单词，学习完了，再休息，再玩耍。当需要再次进入学习的时候，又能高度集中注意力。这叫张弛有度。一定要训练这个能力，永远不要熬时间，不要折磨自己，要善于在短时间内一下把注意力集中，高效率地学习。

要这样训练自己：安静的时候，像一棵树；行动的时候，像闪电雷霆；休息的时候，像流水一样散漫；学习的时候，像军事上实施进攻一样集中优势兵力。

培育孩子的好奇心

学习兴趣与好奇心有关。好奇心代表喜爱接触新事物，一个人对新事物接触得越多，他就会越想知道更多；想知道更多，正是学习动力的来源。可是，很多时候父母都不鼓励，甚至压抑子女的好奇心。有时，孩子观察事物时，父母会加以阻挠。孩子之所以问完父母第一条问题后，便不再问第二条，是因为他们知道父母不喜欢他们追问下去，但其实发问正是学习动力之源。

因此，父母不仅不应该压抑子女的好奇心、禁止子女发问，更要鼓励他们。父母也应该多带子女上街，让他们多接触新事物。当然，如果父母本身就是有高度好奇心、很爱发问的人，那对孩子的正面影响就更大了。

1. 以身作则

如果父母本身是一个不会发问、不爱寻求答案的人，子女发问的经验一般也不会丰富。所以"以身作则"很重要，而"以身作则"又体现在父母对"错"的反应上。父母有"错了不要紧，问人吧"或"重头再来吧"这样的观念很重要，而不应死要面子、永不认错，只懂虚张声势。

都说家长是孩子的第一任老师，父母是孩子接触世界、认识世界的第一个途径，孩子的学习能力绝对超乎你的想象，所以父母的言行很重要。孩子不爱读书，家长肯定也很少看书；孩子不爱交流，家长肯定也很少主动地、耐心地和孩子谈话；孩子没有学习的动力，家长也没有正确地引导孩子。所以家长要从自身出发，多读读书，多问问孩子的意见，别高高在上地与孩子交流，一味地责问与谴责只能拉远与孩子的距离。家长也有很多未知的东西吧，那就与孩子一起探索吧。

2. 珍惜孩子的好奇心，正确对待孩子的每一次提问

孩子愿意和家长交流，并勇敢提出的自己的疑问，这是很珍贵的。家长要保持耐心，认真解答孩子的疑问，并且以轻松、简单的方式与孩子一起讨论，培养孩子的自信心，鼓励孩子继续求知。不要轻易否定孩子的答案，给他们足够的独立思考的时间，允许他们犯错，允许他们质疑，允许他们有各种古怪的想法，家长要做的就是和他们一起探寻真正的答案。

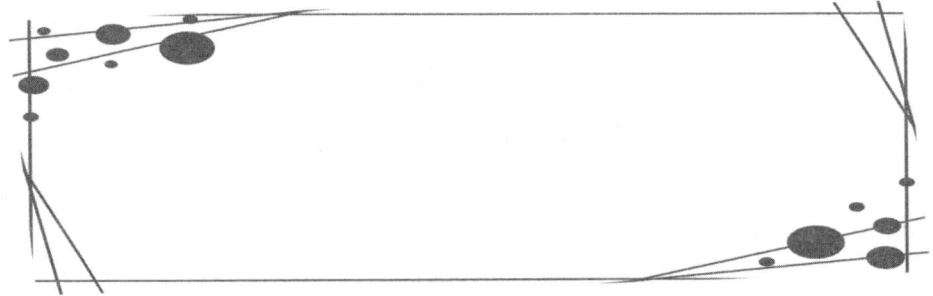

第四节 孩子很努力，成绩却没有起色怎么办

导读

有的同学早出晚归地上学，周末也不休息，奔波于各个辅导班，每天晚上也不看电视，不玩手机，一直在看书学习，直到深夜，久而久之，感动了家长，也感动了自己。可一到考试大家都傻眼了，成绩怎么这么低，他明明很努力呀？智商对学习肯定有影响，但影响的只是学习最好和最差的那批人。有些人并不是努力学习，只是迫于压力做出勤奋的样子，骗了周围人，也骗了自己。比较典型的就是猛抄笔记，面子工程做得很好，但是并没有真正地弄懂题。

故事放送

王同学的妈妈是幼儿园老师，她非常注重孩子思想的自由发展，也许是职业的原因，在跟孩子交流的时候，也非常尊重孩子的意见，把选择权更多地交给孩子，属于民主型家长。

王同学从小非常喜欢物理方面的知识，曾代表学校参加机器人比赛，拿到了不错的成绩。兴趣和不错的成绩坚定了他要学好物理的信心，他给自己灌输的思想也是就该学好物理。他的课桌上总是摆着各种物理辅导资料，做作业也是首先做物理作业，他研究物理可以说到了痴迷的程度。按说这种程度的学习，他的物理成绩一定非常棒，事实却不是这样的。几次考试下来，他的物理成绩并没有想象中的好，又因为没有时间学习其他学科，总成绩也不尽如人意。王同学非常苦恼，有点不接受现实，他自己也开始反思：为什么这么努力地学习，成绩却是这样呢？是不是我用的时间还不够多呢？为什么我考得比某某都低？

王同学的学习方法实际上是有很大问题的，他过多地依赖答案，没有自主思考的过程。当发现这一问题后，老师及时提醒了他，家长和班主任也为他提出了一些建议，比如改变一下学习方法、合理分配学习时间等。可固执的王同学并没有接受他们的建议，继续研究着物理题。

读懂孩子心

青春期的孩子，自我意识增强，重视外界的评价

孩子在青春期，自我意识开始不断增强，他们特别在意自己在别人面前的表现，也特别看重成绩，他们感觉自己已经是大人了，自尊心也高度发展，对外界的评价很敏感，十分渴望得到别人的肯定和认可。他们受到肯定和赞赏时，会产生强烈的满足感；受到批评和否定时，会产生强烈的挫败感。他们会在自己擅长的事上积极踊跃，而在自己不懂、不会的事上讳疾忌医，避而不谈，原因很简单，怕自己丢脸。他们热衷于思考自己的优点，显得十分"自恋"。有的青少年努力学习，积极表现，呈现出非常厉害的样子，其实并没有思考和反思，只是为了学而学。

青春期的孩子独立性增强

进入青春期的孩子总是希望得到他人的承认和尊重，希望摆脱成人的约束,渴望独立;遇事积极面对,积极提出不同的意见;迫切想得到别人的关注,控制欲强烈;无法接受别人的意见,敏感脆弱,不敢接受失败。青春期的孩子与成人世界的关系开始变化,他们不愿意再像"小孩子"一样服从家长和老师,希望获得像"大人"一样的权利,因此经常固执地顶撞父母。

解决方案一:孩子很努力,可是成绩依然没起色?可能用错了方法!

你有没有注意过孩子是怎么做题的?如果是抓耳挠腮、左顾右盼,边做题边翻看答案,那么他的学习效果肯定好不了。因为过于依赖参考答案,长此以往,学习就会变成低水平的重复。说得严重些,这样做的题都是"废题",不但对提高能力没有作用,而且如此做题形成的心理依赖对考试危害巨大。考试没有答案可参考,平时做题依赖答案的孩子在考试时遇到难题会心慌意乱,没有思路,解题遇阻。

一个数学成绩久攻难上的男生的练习册中,选择题、填空题几乎全是空白,最难的几道题却写得满满当当。用他的话说,做难题才有成就感。可是难题都是他自己做出来的吗?他说是参考着答案做出来的。这位男生的心态就是眼高手低,不切实际。选择题、填空题何其重要,平时的轻视自然导致考场上的失误。

谁学得多,谁作业完成得快,是学生学习时攀比的重要表现。多就一定好吗?不见得。有些学生一味地赶进度,刷出了速度和数量,却没有刷出质量,写作业时盲目抄写答案,机械地为写作业而写,一心追求结果;不懂得归纳总结,不重视过程。为了做题而做题并没有深入学习的核心,是内心浮躁和功利性强的表现,应当修正。

天才和智力低的人都是极少的存在,再也没有比学习更公平的事了。学习像吃饭一样,饭要一口一口吃,知识要一点一点学,吃饭别着急,着急会噎着,吃到一定程度就饱了,学习也不要急,学到一定程度成绩自然就会提高了。

努力＋高效的学习策略＝高效的努力

之所以成绩没有起色，很大可能是学习方法的问题，爱因斯坦认为，成功＝刻苦努力＋方法正确＋少说废话。适合自己的方法，就是最有效率的方法。换种说法，即你需要了解别人的学习方法，充分借鉴并制定适合自己的学习方法，才会产生最大的效应。

青春期的孩子心理敏感，且有一些叛逆心理。家长不要拿孩子和别人比较，就事论事最好，出了问题，和孩子一起分析问题、解决问题。

对所学的新知识及时巩固和检查，建立错题本，限时作业，及时复习，正确有效地刷题，丢掉手机和答案，不给自己留后路，自主学习，勤学好问，这些都是学习的好方法。

解决方案二：引导孩子及时反思

分享一个小故事。刘馨是一个非常乖巧的女生，虽然是理科生，学习上却偏文一些，数学对于她来说是个头疼的科目，可是刘馨同学最大的优点就是能够及时和老师交流，及时发现问题，及时改正。每次考试完发下试卷后，刘馨都会第一时间找到老师分析原因。有一次，她来找我分析数学试卷，看完试卷，我告诉她这次考试整张试卷难度系数比是7：2：1，7成的简单题，2成的中等题，1成的难题。对于刘馨来说，简单题拿到满分，中等题得点分，难题努力得点分，分数应该在100左右。再看她的试卷，简单题不该错的错了，中等题、难题的分都没拿到，分数自然上不去。我对刘馨说：你的问题主要就是知识点不扎实，感觉自己会了，一做题就蒙，所以下一阶段你需要做的就是主抓简单题型，保证做一道会一道，我会每天给你划几道题，认真研究通透这些题，下一次考试你看看效果怎么样。刘馨非常有信心地回去了。

谢阳也是班里比较文静的女生，不爱说话，学习非常努力，数学也是她的软肋，她也报了辅导班，成绩起起伏伏不稳定。有一次考试，谢阳成绩不理想，我找她谈话，她自己说道：我每天都会做完学案、同步练习册和"53"上的题，为什么成绩就是上不去呢？我让谢阳把她的学案拿来。谢阳很疑惑，但还是乖乖拿来了学案，我找了一个题，问她：这个题你先做一下，然后再给我讲讲。谢阳认真地在本子上写着，过了一会儿，她做完了拿给我看，我一看就知道谢阳的问题出在什么地方了。我问了问谢阳关于这道题的一些细节，她的回答都是很犹豫而且不很准确的，这说明谢阳的知识点掌握得不是很牢固，每天只是盲目地做题，没有及时反思、整理错题，做题的数量上去了，质量却停滞不前。为了验证这个想法，我又找了几道题让谢阳做，都是基础题，果然她出现的问题很多。谢阳的情况其实是大部分学生都有的问题，每天沉浸在题海中，不交流，不反思，不回顾，不整理，最后导致知识点不扎实，该拿的分没有拿到，"地基不牢固，大厦不稳"。我给谢阳安排了任务，以后的学习以学案和同步练习册为主，准备好做题本，精做题，做题精。

找到方法后，两位同学坚持了一个月，笔记本、做题本写得满满的，收获颇多，心里明显感觉踏实了很多，考试也有一些小进步。

反思一下你的孩子，他是否也存在只努力读书、做题而没有留出反思和领悟的时间的现象呢？多与同学和老师交流沟通不但能获得答疑解惑的效果，还能从别人的话语里获得安慰和鼓励，及时调节自己的心情。

"小喇叭"

青春期的孩子自律性、计划性和持久性欠缺，所以需要一个"小喇叭"时不时提醒一下，父母和老师就是这个"小喇叭"。"小喇叭"能不能起到应有的作用，孩子是不是左耳朵进，右耳朵出，敷衍家长，主要看家长能不能掌握和孩子的交流技巧。大部分中学生不太愿意和父母聊学习，因为很多父母面对孩子不太好的成绩时，会去指责孩子学习不努力，上课注意力不集中，贪玩等等导致学习成绩下降，并没有实际去帮助孩子解决这些问题（如果确实存在这些问题）；也有些孩子好好学习了却没有取得满意的成绩，父母也不好去教训孩子，怕伤孩子的自尊心。各种各样的担心让孩子和父母无法认真交流。其实孩子还是很期盼和父母心平气和、实打实、奔着解决问题的目的去聊聊天的。倾听孩子的声音，陪伴孩子，多听，少说。如果不想让孩子看手机，家长也要少看，孩子学习时，家长也看看书，读读报，与孩子一起学习，一起进步。

第五节　手机的诱惑

 导　读

　　手机在人们的日常生活中的作用越来越重要了，但对学校教育过程和孩子的成长而言，它似乎又带来不少负面影响。

　　青春期的孩子与其他年龄段的孩子相比对世界怀有更多的期待与好奇，同时希望自己变得更独立。这种情感往往使孩子更愿意接触一些能让他们在短时间内了解更多事物的东西，比如方便携带的手机。手机固然使孩子在短时间内得到了更多的信息和知识，但很多信息的好坏也是他们这个年龄段的孩子难以辨别的。而且，有些孩子在接触到手机游戏后，对于游戏带给他们的刺激和满足感欲罢不能，这也往往造成孩子沉溺其中不能自拔。

　　对于青春期的孩子来说，手机到底是精华还是糟粕呢？

故事放送

　　冉冉今年17岁，由于从小成长在单亲家庭，母亲对她格外呵护。从小母亲对她的上网限制比其他家庭宽松得多，冉冉几乎是从幼儿园开始便接触网络与手机了。尽管冉冉接触网络早，但在母亲的监护下，冉冉小时候也并没

有受到不良信息的影响，一直在健康地成长着。冉冉生来性格内向，在学校交到的朋友并不多，更多地依赖着母亲，母亲也并没有把此事放在心上。

这样的生活在她上了高中之后完全改变了。母亲忽然发现冉冉有了一些不正常的行为，例如半夜偷偷进入自己的房间把手机拿走，一熬就熬到半夜一点。起初这种现象一个月不过一次两次，母亲也并没有重视，而后这种现象开始变得严重起来，几乎每天晚上冉冉都要从她的床头拿走手机。甚至在不愁吃喝，想买的东西母亲也一向出手大方的情况下，冉冉居然向母亲提出要一张银行卡，这令母亲十分惊慌，毕竟这并不是什么好现象。从前为了保护冉冉的隐私，母亲从来不会去翻冉冉的QQ信息内容。但随着这种现象次数的不断增加，母亲终于忍不住打开了冉冉的QQ，而后，母亲脆弱的心险些崩溃了。

她发现冉冉的QQ联系人列表里充斥着满口脏话、三观不正的社会人士，有一人甚至向冉冉提出交往，两人在网上你侬我侬，女儿想要银行卡也是为了给这个人买礼物。许多不良信息通过这些人被灌输给自己还处在青春期的女儿，她终于尝试给自己的女儿禁网，没想到女儿竟用网友教给她的"自杀"方法来威胁这位无助的单亲母亲。

青春期的孩子对世界求知若渴，符合正常的身心发展规律

进入青春期前后，又是高中生活的开始，孩子们像进入了一个全新的世界，因此对这个世界产生了更多的求知欲。知道得越多，渴望独立的情感越多，而这种渴望独立的心态也就更进一步地刺激着他们想去了解这个世界的心。

如果家长没能及时且适当给予孩子需要了解的知识和事物，往往他们会在接触到新鲜事物后不加判断地疯狂吸收，这种情况也比正常的慢慢了解更能使人沉溺其中。就好比你不让幼童接触火焰，监管得非常严格，而强烈的好奇心往往会使他们趁你不注意时，闯下大祸，轻则烧毁物品，重则危害到自身安全。

青春期的孩子缺乏鉴别能力和自控能力

青春期的孩子心里始终有一种自我认同感，认为自己已经长大了，判断事物正确与否的能力已经很强了,而事实上他们还只不过是孩子,是非判断能力远不及真正的成年人,所以一些不良信息也在不经意间污染了他们的内心。往往等到家长发现的时候,很多孩子已经到了无法管教的地步。他们认为自己正确,便开始反抗家长,并且不顾一切地对家长所反对的事物加大力度地摄取。

青春期的孩子需要家长和同龄人的认同

青春期之前,孩子心里依赖的是家长,认知范围也非常小,进入青春期后开始依赖朋友和异性,这是一个人一生的必经之路。孩子开始交朋友,为了朋友,他们可以不顾家长的反对,打架、去网吧、让家长着急等待等等,甚至因此受到责骂也丝毫不会悔改。但是由于大多数青春期的孩子仍旧稚嫩且以自我为中心,很多孩子在交友方面出了问题。如果在学校和同龄人间他们得不到认同,得不到自己所认为的公正的对待,最终他们会放弃在现实生活中获得认可的希望,而将目标转移到网络和相对容易接触到的手机上,开始沉溺于网络不良信息和游戏中,无法控制自己,最终也就导致了悲剧性的后果。

现实因素与青春期孩子间的攀比心理

如今几乎家家户户都会有智能手机,几乎所有孩子也都因为手机的方便而收获了不同程度的知识。面对玩手机的孩子,有些开明的家长监管与开放并施,成效往往比较好;有些严厉的家长一味阻挠孩子对手机信息的渴求,结果往往适得其反。

孩子就在自家家长的开明与否之间,形成了一定程度的攀比,抱怨自己的家长如何严苛或夸耀自己的家长怎样宽松。在不平衡的心理下,有些孩子开始反抗自己的家长,并想方设法获得自己想要的东西,渐渐地,家长的管教也就失去了力度。

解决方案一:尊重孩子的想法、心情和求知欲

青春期的孩子希望独立,希望能被尊重,希望能对这个世界了解得更多

一些，这些全都是正常的现象。尽管青春期的孩子有时候为了自己的心思会顶撞父母、会犯错，但这并不是不能理解的，何人能一生无错？

人生活在社会中，会碰到形形色色的人、各种各样的事。了解更多的事情往往有助于孩子从容、乐观地面对学习和生活中遇到的挫折和困难，同时能够培养孩子更多的兴趣，让他们更早找到自己的梦想和目标，坚定以后的人生道路。

青春期的孩子受到的挫折远比儿童时代受到的多得多，在这种时候，家长也要适时给予支持和鼓励，一味打击孩子的信心对孩子来说并没有好处。家长需要积极了解孩子在学校的生活状况、精神状况。如果孩子做错了，在批评的同时也要告诉他错误的原因和下一步的解决办法，鼓励他承认错误和改正错误，千万不能让孩子因为受挫而沉迷网络。

适度的妥协对于孩子来说有益无害。从前总是被家长拒绝的要求某一天终于被同意了，带给孩子的只有欣喜和感谢。但是同样的，如果父母原来一味让步，可是某一天忽然禁止了孩子的某种行动，孩子就有可能开始顶撞父母，所以一味让步也是不可取的。就像上文的冉冉，如果母亲能一开始就对她的半夜上网行为加以制止，而不是等到后来变得不可控时再干涉，那么冉冉的情况可能就不会像最后那么糟糕了。

所以，家长平时要与孩子多沟通，因为这是家长了解孩子的想法、心情的最佳途径，也是最有效途径。同时，家长还要逐渐告诉孩子一些判断是非的能力，使他们在父母无法监督的情况下依旧能保持本心，对不良信息加以拒绝。

解决方案二：对孩子的上网时间加以控制，并让他们认识到现

实生活的美好

青春期的孩子该如何正确使用手机去学习、探索人生和世界，的确是一个值得家长慎重对待的问题。

许多孩子在升上高中之前都对高中抱有很美好的憧憬，或许是来源于可能认识的新朋友，也可能是源于对新的校园生活的渴望。总之，当残酷的现实对幻想的美好产生冲击时，很多孩子往往无法接受，以至于开始逃避，逃进虚拟的网络世界。最开始出现这种状况的时候还是可以纠正的，家长的作用无疑是巨大的，如果能够在此时对孩子的上网时间加以控制，让孩子将身心更多地投入现实生活，使孩子能够在现实生活中得到自己期待的美好，他们自然就不会过度沉迷于网络了。

控制不意味着完全禁止，这需要家长根据自己孩子的情况做出适度的时间规划。同时，父母也要与自己的孩子及时沟通，更多地了解孩子真正的烦恼。此时，家长不可以以导师的身份对孩子进行说教，而应该以朋友的身份进入他们的精神世界，帮助他们理解目前遇到的挫折并不严重，帮助他们走出目前的不如意。

家长还可以创造机会培养孩子的兴趣爱好，比如打篮球、踢足球、打乒乓球等球类运动，学一门乐器或下棋等，就会冲淡孩子对手机的兴趣。家长还可以带孩子多出去走走，看看各地的风土人情，这样既可以让孩子远离手机，又可以开阔眼界。

自制力对青少年的重要性

自制力是指人们自觉地控制自己的情绪和行为的能力。自制力强的人既善于激励自己勇敢地去执行采取的决定，又善于抑制那些不符合既定目的的愿望、动机、行为和情绪。相反，则对自己持放纵态度，对自己的言行不加约束，任意胡为，不考虑行为后果及事态带来的影响。

人区别于动物的根本点之一，就在于人是有思想的，因而可以按照一定的目的，理智地控制自己的感情和行为。自制力对于人的一生都是非常重要的，对于青少年显得尤为重要。因为当今社会科技发达，不良诱惑也随之增多，在这种情况下，就需要青少年有足够的自制力来抵制这些不良诱惑。但丁曾经说过：测量一个人的力量的大小，应看他的自制力如何。

自制力强的人，往往意志比较坚强。控制自己的行为需要意志。意志和思想一样，不是与生俱来的，而是在社会实践中逐步培养和锻炼出来的。要增强自己的自制力，就要从日常生活的一点一滴做起，加强磨炼。

美国物理学家富兰克林青年时代曾经下决心"克服一切坏的自然倾向、习惯或伙伴的诱惑"。他给自己制定了十三条道德计划，逐条实行。比如，为了矫正闲谈和说笑话的习惯，他列了"沉默"一条，要求自己做到：除非于人于己有利之言谈，避免琐屑的谈话。后来，有一位朋友说他常常显露骄傲，于是他又把"谦逊"加入计划内。他晚年撰写自传时谈起青少年时代锻炼自己自制力的计划，认为他自己的成绩应归功于自制。

自制力对人走向成功起着非常重要的作用，美好的人生是建立在自我控制的基础上的。我们要趁着孩子还在青少年时期，抓紧培养孩子的自制力，让孩子尽早获得这个通往成功的通用技能。

第三章 指导孩子建立良好的人际关系

青春期的孩子越发独立,父母在孩子心中已不再是全部,而朋友的名字在孩子口中出现的次数却越来越多。面对孩子的交友问题,家长最担心的可以归结为四大类:孩子该怎样交朋友?孩子交了"坏朋友"怎么办?青春期的孩子交了异性朋友该如何处理?孩子宁愿跟朋友谈心也不和父母交流怎么办?

第一节　孩子交了异性朋友

**导　读**

　　随着生理和心理发育的成熟，高中生普遍进入了性意识的萌发期。而每个人的发展程度不同，他们或处于接近异性的"狂热期"或处于"浪漫恋爱期"。这时的他们开始意识到自己的性别，也认识到异性的性别，以及两性的区别和联系，并开始思考自己如何扮演一个男人或女人的角色，如何与异性进行交往等问题。

故事放送

　　小鱼正在读高二，今年暑假放假后打算和几个同学一起去海边旅行。小鱼的妈妈关心地询问女儿都有谁去，小鱼说好多同学都去，却支支吾吾不肯说同学的名字。小鱼的妈妈还发觉女儿最近喜欢打扮了，经常在朋友圈和微博上发自拍，可之前女儿是纯"吃货"一枚，从来只发美食的照片，前后反差有点大。

　　后来小鱼的妈妈发现，和女儿一起旅行的除了同寝室的舍友之外竟然还有四个男生。她突然担心起来了，女儿这是和哪个男生谈恋爱了吗？女儿以前出去玩可从来不叫男同学的，在家只会学习、看书、追剧，或者和隔壁老刘家的闺女一起出去听演唱会、逛街，从来没有过和男同学如此近距离的行为。之前小鱼的妈妈从来不担心女儿和异性交往的问题，感觉女儿好像对男生不感兴趣，还曾经鼓励她多和男同学接触接触，别整天和一帮女同学腻在一起。可是现在出现了这种事情，小鱼的妈妈却又措手不及，于是她就找机会和女儿谈话：

"女儿，你最近是不是交男朋友了呀，还不抓紧把他带回来给妈妈看看，也好帮你把把关？"

"说什么呢，谁有男朋友了，你听谁说的，都是普通同学，我才没交男朋友呢！"

"没有男朋友那你害怕什么，这次出去玩也不跟我坦白都有谁，还整天描眉画眼的，我告诉你吧，我知道和你一起出去旅游的有男同学，你抓紧坦白，是不是谈恋爱了？"

"我……"

与异性交往是一种正常的生理反应和心理现象

青春期是人生发展的一个特殊时期。进入青春期后，孩子的生理和心理都会发生一系列的变化。在生理发育方面，由于受性激素的影响，他们的生殖器官和第二性征发育显著；在心理发展方面，青春期孩子的性意识和性心理开始萌发。在初中阶段，他们在两性接触问题上保持疏远和回避的态度；进入高中阶段，当性别意识逐步形成，他们就会开始对异性产生一种想要亲近或者爱慕的情感，男女生在交往的过程中不再想着怎样疏远对方，反而想接近彼此，两性间产生了互相吸引的磁场。家长也会深切地感受到，孩子一旦进入青春期，就会特别注重自己的外表和形象。女孩子变得爱打扮，男孩子也不再邋里邋遢。这些都是正常的改变，因为他们希望异性能够注意到自己并对自己产生好感。而这种好感绝大部分仅停留在朋友层面，不会进一步发展。所以说，青春期异性的交往是孩子社会交往中不可或缺的一部分，也是他们心理健康的一种表现。

与异性交往可以促进全面发展

我们都知道，男性和女性有着截然不同的个性特征。女性更细腻，男性更粗犷；女性更谨慎，男性更冲动；女性更感性，男性更理性……心理学研究也表明，人们在集体生活中的交往越广泛，和周围生活的联系越多样，体验就会越深刻，这样他的精神世界就会越丰满，个性的发展也会越健全。成年人在人际交往的过程中，不仅会结交同性朋友，更会交到许多异性的朋友，也正享受着异性交往所带来的益处。

青春期是人个性成熟和全面发展的时期。孩子在这个阶段也同样需要与异性进行交往。通过与异性的交往，他们可以学习异性的优点，弥补自己在个性发展方面的不足，来促进自己全面健康的发展。家长可以观察一下，高中阶段只在同性范围内活动的孩子，他们性格、情感等方面的发展往往很局限。这类孩子可能会把自己原本的优点发挥得淋漓尽致，但是缺点却不会得到丝毫改善。而那些不仅有同性朋友还有异性朋友的孩子，他们的性格相对来说会比较开朗大方，情感体验也会比较全面深刻。这是因为在与异性交往的过程中，男女生的个性可以互相影响，取长补短，让男生不再逞强，让女生不再脆弱。并且，在正常的异性交往过程中，孩子对异性也不再感到好奇，这也有利于培养他们健康的性心理。

解决方案一：转变观念，理性对待孩子的异性交往问题

家长作为过来人，都经历过青春期，对这个时期也有着自己的感受和回忆，或许也曾有过悸动，也曾对异性产生过兴趣，也许还对某一个特定的异性产生过好感。只是那时候的我们可能行为上比较克制，我们的父母也不像

现在的父母这般敏感多疑，亲子之间反而没有发展到一谈异性就色变的程度。绝大多数人也并没有因为父母的"放任不管""漠不关心"而耽误了自己的学习和生活，更没有出现越轨行为。那么，为什么自己变成父母的时候就一定要阻止孩子的异性交往呢？

作为家长首先要以平和的心态理性看待孩子的异性交往问题，不要一发现孩子有了异性朋友就立即站在孩子的对立面上。现在的孩子大部分都是独生子女，他们对异性的好奇心比家长小时候要强烈得多。再加上社会、经济、文化的发展，大众媒体的传播，他们的思想观念更为进步。所以，家长不要轻易干涉孩子的异性交往，而要静下心来理性对待。如果家长一味地反对孩子的异性交往，往往会加强孩子的逆反心理。也许一开始孩子只是普通的异性交往问题，经过父母的严厉指责后可能会发展成恋爱关系，或者会变得抵触与异性交往，只愿与同性交往，出现青春期同性恋的倾向。

解决方案二：尊重与信任是了解孩子异性交往状况的保障

处于青春期的孩子会把很多东西归为隐私的范畴。特别是异性交往，很多时候孩子都是隐蔽进行的，不想让父母知道。而这个时期的父母最常做的事情就是偷看孩子的日记，偷偷进入孩子的房间，甚至会跟踪孩子。一旦出现此类情况，就说明家长和孩子之间的沟通出现了问题，家长想要掌握孩子的交友情况将会更加困难。那么作为家长该怎么办呢？家长在跟孩子日常交流的时候，首先应做到尊重孩子，孩子只有感受到了父母的尊重，才有可能把你当成无话不谈的朋友，而不是高高在上的父母；其次要做到信任孩子，当你问孩子有没有谈恋爱的时候，孩子说了没有，家长就不要再紧跟一句"我不信"了，不然孩子会想"反正我说了你也不信，我以后就不跟你说我的情况了"。

解决方案三：同孩子一起制定异性交往的原则

父母支持孩子交往，特别是与异性朋友的正常交往，可以帮助孩子学习异性身上的优点，改善自己的不足，完善健全的人格。并且利用这个机会，父母可以指导孩子学会处理两性关系，形成正确的恋爱观，为以后的恋爱关系、夫妻关系打下良好的基础。但我们也不能放任孩子进行异性交往。一旦发现孩子有了异性朋友，我们可以在表达了支持的前提下，找时间同孩子一起探讨异性交往的原则，分享同异性交往的经验，并共同制定一份异性交往守则。

在制定交往守则的时候，父母要着重强调"适度"的原则，无论是在广度还是深度上，无论是在言语还是行为上，都要讲究适度。尤其在身体接触及性的问题上，父母一定要跟孩子讲清楚异性交往的"界限"，并能让孩子正确地理解，合理地把握尺度。

解决方案四：在孩子遇到情感挫折时给予及时的帮助

如果孩子恋爱了，作为家长应该怎样正确引导呢？

这个时候家长绝对不能"棒打鸳鸯"。这样做可能一时见效，但过后孩子的恋爱就会"转战地下"，不受家长的掌控；或者即使拆散了也会给孩子留下心理阴影。

家长这个时候需要做的是加强对孩子的爱和安全的教育。爱情是美好的一件事情，无论什么年龄去经历，都要尽可能地去感受它的美好，不留遗憾。父母要教给男孩子在爱情中学会承担责任，女孩子在爱情中学会原则与自爱，男女双方要共同学会包容和奉献。只有这样才能品尝到恋爱的甜蜜而不是苦果。虽然爱情是永恒的，但青春期的感情状态却不稳定。当孩子分手感到痛苦时，家长要做的不是在孩子面前表达"早知现在，何必当初"，而是要倾听孩子的诉说，感受他的情绪，尽量减少他分手时的痛苦，让他留下恋爱的美好回忆，而不是对异性的偏见。

青少年的性意识发展阶段及其表现

心理学家的研究表明，我国青少年的性意识表现与发展大致可分为三个阶段。

第一阶段：疏远期

这个阶段从儿童末期开始，到少年中期结束。其中女性在儿童末期表现得最为明显和激烈，并且持续至少年中期。

第二阶段：爱慕期或异性狂热期

这个阶段从少年初、中期开始，到青春期的中、后阶段结束。这是青少年异性意识表现和发展的一个重要阶段，也是青少年在整个中学时代异性意识表现和发展时间最长的一个阶段。

第三阶段：浪漫恋爱期

这个阶段一般从青年初期的中、后阶段开始，是青春期异性意识发展相对成熟的阶段。恋爱期是青春发育期性意识发展的必然结果，是从爱慕期的基础上发展而来的，但又与爱慕期有着本质区别。严格地讲，只有从这个阶段起，才可能产生和形成真正的爱情。

异性交往的危险信号：

1. 男女生单独交往，不再与其他同学交往；

2. 双方交往过于频繁，无心学习，成绩下降；

3. 瞒着老师、父母、同学交往；

4. 彼此成为自己的牵挂，不满对方与别的异性来往；

5. 两人在一起时，只渴求拥抱、接吻，有性需求。

第三章 指导孩子建立良好的人际关系

第二节 请停止您的说教

导读

高中阶段的孩子有个令家长头疼的问题：以前自己让孩子做某件事情的时候，孩子会很听话地去完成，但是现在的情况截然相反，还没等自己把话说完，孩子的暴脾气就出来了。父母经常感到孩子不能体谅自己，做这件事明明是为了他好，他还不领情，要么大吵大闹，要么冷眼相对，简直就像冤家，真是一言难尽啊。

晓东是一名高中生，他的父母都是做事非常认真有条理的人，自然也把晓东的学习和生活安排得很规整，希望晓东能和他们一样。一旦晓东忘记做某件事，晓东的父母一定会对他絮絮叨叨地教训个不停。小的时候晓东对此没有什么感觉，但是最近他开始感到有点不耐烦了。

在一个临近期中考试的假期里，晓东妈妈进屋给晓东送水果，看见晓东竟然没在学习，而是在玩电脑游戏，妈妈好意提醒了晓东，说要考试了，该开始复习功课了。晓东听了之后，敷衍地说过一会儿就学习。妈妈也没再说什么就关门出去了。半个小时之后，妈妈又去晓东的房间，看见他还是在玩游戏，并且兴致很高，一点也没有要结束的意思。妈妈顿时很生气，大声说："你不是跟我说一会儿就学习的吗？这都多久了，还在玩游戏。都马上要期中考试了，一点复习的计划也没有，这样下去能考出好成绩吗？你看看咱对门的贞淑，人家跟你一般大，现在都在准备申请国外的大学了，而你整天就知道玩游戏，玩游戏能考上大学吗？玩游戏能找到好工作吗？你怎么就一点也不像我们呢？这么大了做事一点数都没有……"

晓东连着输了好几局游戏，本来就很不高兴，一听妈妈又在念叨自己，还拿自己跟别人比，也有点生气了，没等妈妈说完，就顶了回去："你要是觉得贞淑好，那你去给她当妈啊，别管我了！"

"你这孩子怎么说话的呀，我还不是为了你好……"

"别说了，烦死了，我出去了。"

"你……"

青春期孩子的变化受大脑结构重塑的影响

青春期被誉为"暴风骤雨期"，青春期的孩子给人的感觉就是"逆反"。孩子为什么会变成现在这个样子呢？

其实，孩子出现的这些变化主要是受大脑的影响。大脑的许多关键结构要到二十几岁才能完全达到成熟。其中，顶叶、额叶和颞叶在青少年期还处于持续发展的阶段。额叶与高级思维过程有关，如做计划、做决定、设置目标和控制等。如果孩子在考试之前就能做计划开始复习，在家长念叨自己的时候能够控制住不顶嘴，这说明孩子具有良好的额叶功能。不过，在这个时期，孩子的额叶正处于大规模的重塑期，所以他们很容易表现出冲动的行为。

颞叶下面的杏仁核这个结构的作用是解释感觉信息，使我们以原始的、情绪化的方式对信息做出反应。它也与记忆有关，特别是情绪记忆。如果一个人的杏仁核比较发达，而额叶比较弱，他可能会很容易愤怒，无法控制地攻击别人，或者因为一点小的挫折而哭泣。此外，控制情绪的神经传导物质"血清素"在青春期的分泌量比儿童或成年期少40%左右。所以，这个时期孩子的情绪起伏比其他任何时期都要大。

正是因为孩子处于这种状态，所以他们总是控制不好自己的情绪和言行。

父母的中年危机

当孩子到了上高中的年龄，父母这时差不多40岁。成年人步入40岁后会遇到一个重大危机——中年危机。

中年危机一般从40岁左右开始，由于现在社会压力的增加，开始有提前的趋势。在这个人生阶段，成年人可能会经历事业、家庭、健康等各方面的挑战和危机，使他们在生理和行为上表现出不适应，在心理上遭遇不平衡。成长起来的年轻人已经开始替代中年人承担他们原来的工作内容，中年人的社会地位被动摇，工作上的压力会让中年人更容易产生焦虑、紧张的心理。如果这种不良的心理状态不能及时得到调整，一旦把这种情绪带到家庭当中，就很容易造成一场"家庭大战"。

所以，当"青春期"遇见"中年危机"时，父母也要反思自己，孩子不听话真的只有孩子的原因吗，自己有没有做得不好的地方？自己有没有把工作上的不如意发泄到孩子身上，是不是把孩子当成自己的下属去对待了？

解决方案一：以问题为中心

家长可以先试着回忆一下自己平日同孩子说话的内容：

我让你整理房间，怎么还没整理，乱得跟个猪窝似的，这还能睡人吗?!

我就说要提前好好复习吧，看你这次的考试名次又下降了不少，让你不听我的话。

我说什么来着，今天天冷让你多穿件衣服，就不信，看看，感冒了吧，又得耽误学习。

……

是不是有一些似曾相识的感觉？上面的这几句话有什么相同点吗？

一、这几句话都是以"我"字开头的，给孩子的感觉是父母比他们自己更关心这个问题，孩子自己反而是个旁观者，和这些问题的关联并不大。是父母想要房间的整洁，是父母想要成绩的提高，是父母想要多穿件衣服，这通通不是孩子自己想要的。孩子反而会这样想：你要是想要就自己去干吗。

二、这几句话除了说出了问题是什么，更多的包含了情绪上的发泄。孩子在听了父母的发泄之后，更不想和父母谈解决问题的办法了，并且孩子接受了父母的负面情绪后，自己的心情也会变得很糟糕，亲子间的距离会越来越远。

三、这几句话让人感觉不到丝毫的关心。家长与孩子沟通的目的应该是关注孩子的成长，关注孩子的内心，而这几句话让人感到的是家长觉得孩子不受自己的控制，因此有些生气。

总之，父母在与孩子进行沟通的时候，要以问题为中心，从孩子的立场来思考，内容和语气应充满关心和爱。这样，沟通就会容易很多。例如：

今天是不是作业很多呀？妈妈早上出门的时候让你整理房间，你把这事给忘了。我知道，你们年轻人不在乎整洁，觉得怎么舒服怎么来。只是妈妈认为把房间收拾干净再学习，这样会有个更好的学习环境，你自己看了也会赏心悦目，学习的效率也会提高，你觉得呢？

同样是面对孩子忘记整理房间这件事情，这段话中的家长就没有抱怨，更多的是从关心孩子的角度来处理事情。相应的，孩子听后也会尝试着去理解父母，不会采取反抗的态度。

解决方案二：以身作则

许多家长面对孩子时这样说："爸爸妈妈这么辛苦，还不都是为了你。可你倒好，就知道玩，一点都不喜欢读书，你怎么对得起我们啊！""读书是为了你自己，不是为了我们，抓紧进屋学习。"可一转头自己就看电视，刷手机，玩电脑游戏……

这是典型的"宽于律己、严以待孩"。高中的孩子已经有了思想，不再是"好糊弄"的小孩子，他们能够分辨出什么是真诚的建议，什么是虚伪的应付。家长如果想要孩子有良好的习惯，不如先从自身出发，放下手中的手机，关上电视和电脑，拿起身边的书籍，认真阅读。当孩子看见自己的父母都在为了生活努力读书时，他的内心也会有触动。扎扎实实的行动永远比滔滔不绝的说教有用。

解决方案三：表扬和鼓舞孩子

说教是只看见了孩子的缺点；表扬则是看到了孩子的优点。说教不会让孩子变得坚强，鼓舞才会让孩子拥有面对逆境的勇气。

为什么有的家长只会对孩子进行说教呢？因为这样的父母小的时候自己就接受到家长的说教，形成了"无说教，不教育"的观念。等长大成为父母之后，他们就自然而然地继承了上一辈的教育模式。父母可以回忆一下自己当年面对家长说教时的心情，是高兴还是抵触。

其实，每个人内心深处都有被认同的需要，特别是高中阶段的孩子，青春期正是他们形成自我同一性的关键时期。谁愿意天天面对一个挑剔自己的人呢？如果你的单位领导成天对你挑三拣四，你的工作积极性会高吗？同样，对于孩子来说，父母的过度教导也会导致他们的学习效率低下。所以，父母需要平和地面对孩子，用表扬替代责备，用鼓舞替代打击，相信孩子的感受会好很多，亲子之间的交流会多起来。

值得注意的是，表扬孩子时，一定要仔细说出具体的事情，这些事情必须是孩子感到值得表扬的事情，这样才是有效的表扬，否则，便是一种客套和奉承。而且，父母的表扬与鼓舞一定要是真诚的，是真实的情感表达，不是虚情假意，否则孩子也不会接受。

解决方案四：不要只有命令，还要告诉孩子具体的做法

很多时候，家长只是强制性地命令孩子去完成某件事情，并没有告诉他

具体可行的办法。孩子的经验毕竟有限，当孩子不能胜任的时候，父母不要只是发泄心中的不快，可以去问问孩子没有完成的原因，到底是有抵触情绪还是不清楚怎样去做？如果是抵触情绪导致的，不妨让孩子先去体验一番，再做决定也不迟。例如，因为天冷，父母都会让孩子出门的时候多穿件衣服，有的孩子会很厌烦地说"不穿"。那作为父母以后可以试着这样说："孩子，今天有些降温了，你先出门感受一下温度，如果觉得冷就多穿件衣服吧。"等孩子有了切身的感受后，相信他完全可以做出正确的选择。

如果孩子不知道该怎样处理某件事，父母可以凭自己的经验告诉他具体的办法，或者是和孩子一起商讨解决的方案。家长在和孩子共同制定解决方案的时候，一定要注意倾听孩子的想法和意见，不要一味地自己表达。当制定好方案后，还要商讨具体的执行计划，不然可能因为家长和孩子的理解不同而造成争议。比如整理房间这件事情，当孩子也认同房间需要整洁后，大家需要规定一下整理的时间、整理的范围、整洁的程度等。只有这样，在后面的执行上才不会出现矛盾。假如孩子有一天忘记整理了，家长也不要急于训斥孩子，要耐心询问原因，灵活处理。

父母要"以身作则"

在家庭教育中，"言传"和"身教"相比，身教的效果要大得多，谆谆教导的影响力不及日常生活中潜移默化的影响。一个很有说服力的证据是，在心理咨询门诊，人们发现孩子的心理问题有三分之二和父母的行为有直接联系，孩子的成长和发展在某种程度上是父母为人处世、行为规范的折射。

年幼的孩子缺乏知识和经验的积累。他们首先是通过感觉，也就是直观表象来认识外界事物。孩子的学习方式主要是模仿，他们所模仿的第一个对象就是自己的父母，所以说父母不仅是孩子的第一任教师，也是第一任榜样。许多子女的行为举止之所以像父母，与其说是遗传不如说是早期模仿的结果。家长的言行和家庭环境对孩子的影响在孩子的个性形成中，起着重要的作用。

如果家长为人诚恳，言行有礼貌、讲文明，孩子看得见、学得到，天长日久就会被熏陶和感染。如果家长对别人的态度粗暴，行为失态，缺乏教养，想把孩子培养成一个有教养的人是不大可能的。

如果家长言行不一，无论他对孩子如何说教，也难使孩子心服口服，甚至还会使孩子产生逆反心理，从而对人生采取一种玩世不恭的态度。家长要求孩子相信的道理，自己首先应该相信；家长要求孩子做到的事情，自己首先应该做到；家长要求孩子不做的事情，自己也不要做。即使家长偶然疏忽做错了事，也要放下家长的面子，向孩子说明自己的错误并改正自己的错误，这有利于孩子辨别是非，知错必改和实事求是。如果说循循善诱、晓之以理是家庭教育的基本方法的话，那么身教更重于言教，正如孔子所说："其身正，不令而行；其身不正，虽令不从。"所以，每个家长都要注意做到以身作则，给孩子做出好的榜样。

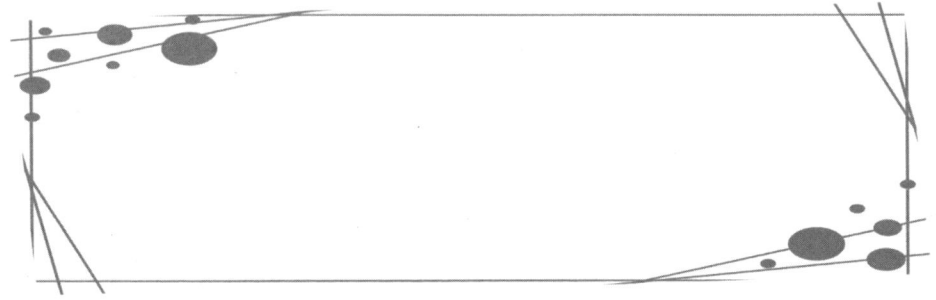

第三节　孩子不再和我谈心了

导　读

孩子小的时候整天缠着父母问东问西，现在长大了却越来越不爱跟父母说话了，周末在家不是写作业就是玩电脑，总共和父母也说不上几句话，和朋友打电话却能聊上好几个小时，总是有说不完的话。过去那个总爱叽叽喳喳的孩子究竟跑到哪里去了？

陶夕是个高二的女生，她最近一到家就自己躲进房间里，变得不爱跟父母说话。初中的她可不是这样的，那时的陶夕很喜欢和父母分享学校里发生的有趣事情。父母不知道陶夕为什么变成现在这个样子了。

原来，陶夕有一次跟妈妈聊起了学校里的事情，还顺便说了句最近班里有谈恋爱的同学。陶夕的妈妈一听，立马很严肃地问陶夕："老师知不知道这件事？他们的家长知不知道？"还斩钉截铁地告诉陶夕，"你可不能学他们，去谈什么恋爱。你是要考重点本科的，一定不能早恋，这会耽误学习，好女生才不会做这些乱七八糟的事情。要是有男生敢跟你表白,你一定要告诉妈妈,让妈妈来处理。"陶夕原本是觉得有趣才跟妈妈分享这件事的,没想到妈妈竟然会把这件事联系到自己身上,还上升到了高考的高度,让陶夕瞬间没有了继续聊下去的欲望。

陶夕发现,现在只要和父母聊天,他们总是能把各种话题都转移到学习上来,除了用学习做结束语,感觉父母都不会聊天了。无论一开始在谈论什么话题,说到最后都是反反复复那几句:"学习为重,先

把学习的事情做好,其他的到了大学再说","先考上大学,等上了大学,你就可以干xxx了"。陶夕觉得,父母现在眼里只有学习,那又何必耽误时间同他们聊天呢,反正他们也不会体谅自己,也不会明白自己要表达的意思,说不定还有可能暴露自己的小秘密,然后就变得越来越不爱和父母聊天了。

青春期孩子亲密关系的改变

很多家长都会抱怨孩子一进入青春期就跟自己不如以前亲近了,而是越来越喜欢跟朋友待在一起,心里话也不会同父母讲了,家长因此感到特别失落。其实,这种改变是孩子的亲密关系出现了变化导致的。

在孩子小的时候,他们的亲密关系主体是自己的父母。那时的他们交友范围很狭窄,一天中的大部分时间都是同父母在一起的,接触最多的人是父母,所以不管是聊天、玩游戏还是睡觉,孩子首先是想和父母一起做。哪怕是上了幼儿园和小学,慢慢有了新的小伙伴,父母在孩子心中的地位还是没

有较大的改变。

当孩子进入青春期后，随着身心发育的逐渐成熟、自我意识的不断发展、独立意识的增强、社交范围的扩大，孩子亲密关系的对象会扩展到同龄人及家庭成员，有时还会包括家庭以外的成年人在内。而如果这个时候孩子回到家，和父母交流的时候不能产生思想上的共鸣，他们便会开始越来越多地去找自己的朋友聊天。父母就会感觉到孩子不和自己亲近了。同时，孩子的"长大"意识会让他更加注重自己的隐私，并试图摆脱家长的约束和管教，家长就更难了解孩子了。孩子会出现一回家就紧闭房门、给抽屉上锁、给手机设密码等行为。

沟通目的的变化

不论具体内容还是交流形式，孩子的语言都随着他们的年龄发展而不断发生变化。不同年龄段的孩子跟谁说话、说什么话，都遵循着一定的发展心理学的规律。

孩子在牙牙学语阶段主要是模仿父母的语言，并逐渐习得母语发音的最基本元素。当三四岁的孩子黏着父母追问"这是什么？""为什么？"的时候，他们是为了从家长那里获得各种知识和间接经验。等到上小学了，孩子在与家长分享一天中的见闻时，主要是为了表达自己对一些事情的态度和看法，并开始有了自我表达的萌芽。孩子和父母所关心的内容也是从这个时期开始出现不同的。家长此时还是只关注孩子的学习，而孩子却变得想得到朋友式的关心。到了青春期后，随着知识面的增加和内心世界的丰富，孩子有了自己的想法和见解，与家长交流的矛盾更是日益加剧。他们想要通过交流得到的满足几乎和成年人完全一致：想找到一个愿意听我说话，并且可以懂我内心感受的陪伴者，而不是整天问学习情况的父母。而父母却还是踏步不前，沟通模式一直停留在孩子的小学阶段。所以，家长会抱怨孩子不如小时候懂事了，什么话都不跟父母讲了。殊不知是因为孩子长大了，需求改变了，但父母却没有意识到并跟上孩子的发展。

解决方案一：深入孩子的内心，了解其真实想法

"周五放学刚进家门，本想打开电脑放松一下，就听见妈妈的声音从厨房传来，'抓紧学习，一会吃饭'，顿时觉得没有心情了。"

"父母除了聊学习还是聊学习，就不知道这个学习有什么好聊的。"

"我喜欢和朋友一起打篮球，每次跟他们说要出去打篮球，我妈就会找一大堆理由不让我出门，后来我就直接偷偷地和朋友去打篮球，不跟他们说了。"

这些都是孩子们的心声，他们为什么变得不喜欢跟家长谈心了呢？你可以试着问问自己：

1. 自己所关心的问题是否是孩子关心的问题？
2. 自己对孩子学习的关心是否已经完全超过了对孩子其他方面的关心？
3. 自己对孩子是否真正了解？
4. 自己对孩子的兴趣爱好是否是支持的态度？

我想，聪明的父母看到这里会有自己的反思。那我们如何才能打开孩子已经关闭的心扉呢？

家长可以从孩子的兴趣爱好入手，尊重孩子的兴趣爱好，对其表现出热情，甚至可以和孩子一起去尝试。这样一是可以找到共同话题，二是可以在了解孩子的同时让孩子了解父母。

父母可能会说："要是孩子整天玩电脑游戏，难不成也要我跟他一起玩？我反对还来不及呢，怎么可能做到支持他玩游戏！"是的，即使是玩电脑游戏，你也可以和他一起玩。曾经就有这么一位父亲，他的儿子沉迷于电脑游戏，也就是我们说的"有网瘾"，并且和父母没有任何沟通。这位父亲大胆地做了一个决定：他要和儿子一起玩游戏，并且比赛，看谁的游戏等级高。就这样，父子俩从无话可谈变成了可以聊游戏的朋友。然后，父亲以朋友的身份提出来玩游戏时间太长导致耽误了工作，并且身体有点吃不消，跟儿子商量是否可以一起减少玩游戏的时间，儿子欣然接受。又过了一段时间，父亲又提出来是否可以只是周末玩电脑游戏，工作日不玩，儿子又接受了。最后的结果是，这位父亲不仅成功戒掉了儿子的"网瘾"，还和儿子变为了无话不谈的好朋友。

解决方案二：地位平等地进行交流

青春期的孩子有个突出的心理特点，就是出现了"成人感"，他们认为自己已经成熟了，长大了，是个大人了。他们内心非常渴望别人把他们当作"大人"来对待，渴望尊重，渴望理解，也相信自己可以处理好很多事情，绝不是之前的小孩子了。而父母却还把他们当成永远长不大的小孩子对待，觉得他们还很幼稚，经验不足，有很多事情不能胜任。就是这个"父母心中的孩子和孩子心中的自己"之间的矛盾导致了孩子不愿意跟父母进行沟通。

家长可以试着想一下，你为什么不愿意承认孩子已经长大了呢？是不是还沉浸在孩子小的时候崇拜你的目光中，是不是还享受着孩子带给你的权威感，所以希望他永远不要长大，希望自己永远高高在上？

但是，我们的孩子已经长大了，他们开始拥有自己的思想，有了自己的主见，也开始挑战父母的权威，认为和父母有了代沟。家长这时需要调整自己的心态，不能再用对待小孩子的办法来对待现在的孩子了，最重要的一点是要把孩子当成大人来平等交谈，肯定他们的某些观点，适时地提出改进意见，而不是一味地指责和否定。家庭内部可以定期对社会上出现的一些事情进行交流，借助这个过程，父母可以了解到孩子的想法，也能潜移默化地影响孩子的价值观。家长的工作也是一个可以和孩子交流的话题，这可以让孩子了解家庭之外的父母，也能提早对孩子进行职业教育。

解决方案三：掌握一点沟通技巧

家长在遇到问题的时候愿意找自己的好朋友进行倾诉，这是因为可以从朋友那里得到关注和理解，也许并没有获得解决问题的办法，但却会感到很舒心。那当我们的孩子遇到问题想要得到父母的帮助时，父母又是怎么做的呢？

"早就说不让你去打球了,可你就是不听,看把腿磕的。"

"让你玩游戏,期末考试考砸了吧。"

当孩子受伤、考试失败时,他们的心情是难过的,而父母非但没有一句关心和安慰,反而满是指责,甚至语言中充满了"早知现在,何必当初"的意味。孩子从父母身上感受不到丝毫的温暖,又怎么可能继续说下去。无论是孩子还是成人,每个人在表达的背后,都藏着一个最初的心愿,那就是被接纳。一个人只有感受到自己被他人接纳,才能继续表达,进而做出改变。所以,父母首先要做的是接纳孩子,无论孩子有着怎样的情绪、发生了什么事情,都必须没有任何条件地接纳孩子。

接纳只是打开了孩子的谈话之门,如何能让这扇大门保持敞开,这需要积极倾听。积极倾听的重点在于"听",父母要认真听孩子说话,观察孩子的表情,尽可能地让孩子多分享他的想法,挖掘出孩子话语背后的信息,但不要提出自己的建议,只需要反馈孩子所表达的内容,疏导孩子的情绪,用类似"为什么?""你是怎么想的?""你的意思是……我理解的对吗?"这类语言来和孩子沟通。倾听虽然不能直接解决孩子的问题,但是当孩子的情绪得到了疏解后,他们往往会自己找到解决问题的办法。

沟通小技巧

1. 使用眼神交流。不管是自己说还是听他人发言,看着对方的眼睛有助于更成功地传达或接收信息。眼神上的联系表示你正将注意力集中于对方的声音,这也鼓励对方回报性地关注你的声音。可以在对方的脸上想象一个字母"T",把横着的一笔视作两个眉毛连成的直线,竖着的一笔则视作穿过鼻子中心的直线,将你的目光集中在这个"T"字型区域。

2. 使用肢体语言。包括脸部表情和身体动作,你的全部身心都要为所传达的信息服务。身体动作所能表达的信息远比用嘴说要多得多。双手放松的放在两边,做出一个准备好的姿势,无疑是告诉周边的人你易于沟通并且准备好倾听他们的声音；双臂交叉，耸着肩，则意味着你对谈话不感兴趣或不想与他们沟通。因此，如果你想结束谈话，可以用肢体语言告诉对方你不想再交流。合适的肢体语言和易于接近的姿势会让困难的谈话变得轻松。

3. 不要传达混乱的信息。你的语言、手势、面部表情和语调要相互配合。当训斥某人的时候，带着微笑的表情会向对方传达矛盾的信息，因而达不到应有的效果，如果必须表达一种负面信息的话，你的语言、手势、面部表情和语调都要和这个信息相一致。

4. 注意倾听。一个人不仅需要拥有高效的表达自己观点的能力，也需要拥有倾听他人观点的能力，这样才可以弄清楚对方在说什么，从而进行高效的交流。因此，要避免因为思考事情和组织语言而忽略别人的讲话内容。

我的教育心得

第四节 孩子交了"坏朋友"怎么办

高中生从早上七点钟左右开始上早自习,到下午五点半左右放学,一天中的绝大部分时间是和同龄人一起度过的。如果需要住校,那么晚上的时间也是和同龄人在一起。如此长的时间需要和同学在一起相处,家长既怕孩子交不到朋友,又怕孩子交到"坏朋友"。面对孩子的交友问题,家长最担心的不是孩子不能与优秀的同伴结识交往,而是害怕孩子交友不慎,遇到了损友。

故事放送

王鑫以前是个特别懂事的孩子,成绩在班级内一直名列前茅,还担任班干部,总之就是那种传说中的"别人家的孩子"。王鑫的父母也为有这样的儿子而自豪。突然有一天,王鑫的父母发现王鑫开始玩电脑游戏了;也变得注重外表,喜欢穿衣打扮了;当和父母发生意见冲突的时候,王鑫也不像以前那样谨遵父母之命,竟然学会反抗了。

王鑫的父母感到很震惊,开始寻找王鑫出现变化的原因。原来儿子最近与班里的一群"坏孩子"经常在一块玩耍。因为王鑫学习好,班主任安排他和班里学习差的同学坐一桌,希望王鑫能发挥积极作用影响同桌的成绩。没想到同桌的成绩还没提高起来,王鑫反而被带坏了,开始和"坏孩子"一起打游戏,不研究学习只讨论衣着品味,还学会了不尊重父母、反抗父母等坏习惯。

王鑫的父母对此很是担心,他们严肃地命令儿子不准和那些"坏孩子"一块玩了。但是王鑫根本不听,顶撞父母说:"他们都是我的好朋友,才不是你们口中的'坏孩子'呢?你们凭什么不让我跟他们一块玩。如果光听你们的,我的脸往哪搁,还让我在班里怎么混啊。你们再逼我,我就离家出走,找我的朋友们去。"王鑫的父母一听儿子拿离家出走作为要挟,就不敢再提及此事了,但是看着儿子天天和"坏孩子"待在一起,又非常担心。眼看快期末考试了,也不知道儿子这阶段的学习有没有受到影响,万一因为交到"坏孩子"耽误了学习,影响了高考成绩,那该如何是好啊!

心理的需要

同龄的孩子生理和心理能力水平相当,相互之间更容易建立平等、互惠的关系。在心理上,朋友之间可以相互影响;在行为上,朋友之间可以通过模仿彼此获得对方的认同,促进自己的成长。而这些平等的关系、心理的交流和行为的模仿,孩子在与家长的互动中是难以获得的。

青春期的孩子交友需求更为强烈。小时候,孩子会认为父母是世上最厉害的人,无所不知,无所不能。随着成长,孩子经历的事情多了后,他们会渐渐明白父母其实和自己一样,也有很多不足。他们开始质疑父母,拒绝听命于父母;开始更多地依赖自己的朋友,寻求朋友的答案。

但是,父母对孩子的态度一直没有发生改变,还想要孩子是那个曾经听自己话的小孩子。一旦孩子有反抗的意思,父母就会非常生气,训斥孩子。就这样,孩子会越来越依赖朋友,远离父母。当孩子遇到问题的时候,第一时间想起的人不再是自己的父母，而是朋友。

完善人格的需要

心理学上有个"链状效应"，指的是人在成长中的相互影响，以及环境对人的影响作用。孩子和朋友朝夕相处，自然也免不了潜移默化地互相影响。所谓"近朱者赤，近墨者黑"，很多家长患有"孩子被害妄想症"，时刻都处于紧张状态，随时感到别人会教坏自己的孩子，特别是发现自己的孩子交了一些"坏朋友"的时候。

家长眼中的"坏孩子"一般是那些成绩不好、调皮捣蛋的孩子。孩子也知道这些朋友有很多不足，但是为什么还是想要和他们交朋友呢？

这是因为他们在这些"坏孩子"身上发现了一些自己缺失的地方，于是不知不觉中想要靠近，希望自己可以拥有同样的能力，哪怕是父母眼中不好的能力。这是一种学习的过程，是孩子用自己的方式追求内心完整的方式，是成长中完善人格的必经之路。因此，家长在教育孩子的时候应该让他们拥有足够多的生活体验，帮助孩子塑造完整的人格，不要只是关注成绩，压抑孩子的天性和内心想要触及的东西，让他们不得不从"坏孩子"身上找到丢失的那部分自己。

解决方案一：培养孩子明辨是非的能力

在孩子小时候，父母还可以帮孩子选择朋友，或者父母提出意见的时候孩子还会去参考。但是当孩子长大了，有了主意的时候，父母在孩子交友这方面就难以插手了。虽然家长有时候是过分紧张，但是坏朋友是真实存在的，孩子之间的相互模仿也在所难免，万一孩子真交到了坏朋友该怎么办呢？

青春期的孩子的自我意识具有一定的片面性，容易意气用事，交友时会带有主观好恶，缺乏正确的判断。如何才能避免孩子交到坏朋友，最重要的一点就是让孩子拥有明辨是非的能力。我们没法改变别人家的孩子，只能规范自己孩子的行为。父母要培养孩子独立判断的能力，让孩子能够自己判断什么是对，什么是错，什么事情可以做，什么事情坚决不能做，逐渐形成内在的道德判断与约束。只有这样，才能从根本上杜绝孩子交到坏朋友。

当孩子拥有了判断力，他在交友的过程中通过自己的接触，就能感受到朋友的好与坏。如果朋友有做得不对的地方，特别是关于大是大非的问题，孩子自己  就会选择远离这些人，根本不需要父母出面阻止。而这种由他们自身做出判断的经验更为珍贵，对孩子今后学会保护自己，远离危险非常有益。

解决方案二：深入了解孩子的朋友

既然父母不能阻止孩子交朋友，那不如尊重孩子选择朋友的权利，深入了解孩子的想法，全面了解孩子的朋友，也许就会认同孩子的选择。

父母都想让自己的孩子跟学习成绩好的人交朋友。一般成绩好的孩子比较勤奋刻苦，但是并不代表他们就是完美的人。世界上根本不存在完美的人，每个人都有自己的优势和劣势。成绩不好不代表一无是处。所以，我们应该给孩子及他的朋友更多的包容。不要因为孩子偶尔的一些不好的行为，家长就完全否定了孩子的朋友，阻止他们的交往。

家长可以创造机会了解孩子的朋友。比如邀请孩子的朋友来自己家里玩，这样的话，家长就可以近距离地观察孩子的朋友。或者，家长可以在平日吃饭的时候，引导孩子主动分享自己和朋友交往的日常。有时候家长会发现，那些外表看起来像"坏孩子"的孩子，其实内心很善良，或者聪明伶俐，或者侠肝义胆。总之，以前看见的缺点只是他们个性中的一小部分，是家长太武断了。

家长在了解了孩子的朋友后，可以引导孩子去学习朋友身上的优点。要相信，朋友的影响力比父母的说教大百倍。也许之前你苦口婆心地劝说孩子要注意个人卫生,孩子都不在意,但当他交到一个爱干净的朋友后,很容易就会受到朋友的影响变得讲究卫生。

解决方案三:跟孩子聊聊真正的友谊

如果家长在全面了解了孩子的朋友后还是发现他是坏朋友,那也不要急于为孩子划"分界线"。强制让孩子断交只能换来孩子的反叛,把握尺度的交流和教育才是最好的方法。

孩子最不愿意从父母嘴中听到"不要和某某某玩"这种话了,他会认为家长是在污蔑自己的朋友,不尊重自己的选择,甚至为了反抗父母而会和这个朋友更加密切地交往。

首先,父母可以跟孩子聊聊什么才是真正的友谊。真正的朋友可能双方各有缺点,但在一起却不会让对方越变越差,反而是取长补短,共同努力向上。接着,父母可以跟孩子表达一下自己的担心。"你最近成绩下降得厉害","你最近回家的时间越来越晚了,我很担心你的安全"。让孩子意识到自己最近出现的变化。最后,父母可以帮助孩子梳理一下他从这段友谊中是否有所收获。这些问题足够帮助孩子想清楚这个新朋友是不是一个值得交往的人。家长在对孩子进行了适当引导后,就可将选择权交给孩子,相信孩子会做出明智的选择。

青春期友谊的特点

青春期的友谊有两个最明显的特点,一是孤独问题引起的青少年交友的需要,青少年会选择与自己有相似性的人做朋友,而且许多研究都发现青少年友谊的质量和稳定性与自尊有关;二是青春期懵懂的对异性的好感。

青春期的孩子通常会选择一两个最好的朋友,一般都是同性朋友。这个时期的孩子会愿意花很多时间跟自己的朋友在一起,会跟他们一起去学校,一起吃饭,一起参加活动,而且也会尽可能在外形、穿着和行为方面和朋友保持一致。通常他们有着相似的社会经济地位、家庭背景，在同一个社区或学校，有着共同的爱好、价值观和朋友。也就是说，青少年这个时候的交友倾向于一种相似性。因为相似所以和谐。

为什么青春期的友谊有相似性？一个理由是，青少年有意识地挑选那些与他们相似的人，这样有利于他们自尊的维持。另一个解释是，一旦成为朋友，他们就会影响和促进彼此参与双方都喜欢的活动，而且在一起的时间越长，朋友之间越像。

爱情和恋爱是青少年普遍关注的问题，到了十三四岁，男孩跟女孩开始互相感兴趣。恋爱关系有助于自我同一性的探索，并促使青少年在情感上脱离父母。但是强烈的爱可能是危险的。成功触发欢愉，而失败则会引发绝望。单恋总是与空虚和忧烦相联系，失恋对于心智不成熟的青少年来说，有时候可能会是一种毁灭性的经历。青少年慢慢成熟后，对爱的感觉会越来越谨慎，年龄的增长也会让他们对爱情与责任有更好的理解。

第五节　我的孩子受同学排挤

导读

人是需要朋友的。人们会因为一些原因被聚拢在一起，也会由于一些利害冲突而分开。成年人很容易理解这个问题，但是当孩子遇到此类问题时，他们很可能难于应对，一旦处理不好，轻则没有朋友，重则可能会遭到同学的排挤。而这也是我们最不愿意看到的结果。

故事放送

李岩由于家远，上高中的时候选择了住校。但是他非常不适应住校生活，又因为平时不爱说话，性格内向，所以开学半年了，在班级里的存在感还是很低，几乎没有能够说得上话的朋友。

一开始学校生活还是很平静的。但是这学期刚开学，李岩因为一件小事得罪了班里的女生王燕。王燕平时大大咧咧，性格外向，在班里有一定的号召力，和男生女生都玩得很好。当时李岩去打水，不小心碰到了王燕，还把水撒到了她的身上。王燕因为晚自习说话刚被班主任找过，心情很不好，这会儿又被李岩撒到水,顿时脾气就上来了。李岩不停地跟王燕道歉,但是王燕却不依不饶,还说了很多难听的话。李岩当时气不过,扭头离开了。

李岩原以为这件事就这么过去了,谁知慢慢地,他发觉班里的同学都开始疏远他。有的时候,他走到同学身边会发现他们在窃窃私语,还对自己指指点点。这种感觉非常不好,但是他又不知道同学们为什么会这样对他。最近这次考试,李岩通过自己的努力进步了十多个名次,这本是一件高兴的事情,但是班里却出现了他考试作弊才进步的传言。以至于大部分同学开始戴着有色眼镜看他。之前能说得上话的同学现在也极少找他聊天,李岩感到自己被同学孤立了。但是自己又不好意思告诉家长,担心家长说自己没用;也不敢告诉班主任,担心自己的"小报告"会进一步影响同学间的关系。李岩不知道自己该如何处理这件事情,感到非常苦恼,学习和生活都受到了影响。

校园排挤事件出现的原因

1. 受父母的教育影响

孩子的世界相对于成年人的世界要单纯很多。他们在人际交往上好恶分明,喜欢就是喜欢,讨厌就是讨厌,有可能因为共同的兴趣爱好相互喜欢,也有可能因为玩具被抢而相互讨厌。但随着成长,父母会潜移默化地教给他们要与学习好、能力强、各方面表现突出的孩子一起玩耍,不要和成绩差、能力弱、调皮捣蛋的孩子交朋友。其实,家长的这种观点就是告诉孩子要和强者在一起,远离弱者甚至贬低弱者。

原本单纯的交友开始变得复杂,孩子可能会刻意去接近"强者",与"强者"交朋友。由于孩子的心智发育并不成熟,他们眼中的"强者"除了学习好的,也可能是号召力强、武力强的孩子。在学校中发生的排挤事件,大部分是由号召力强或者武力强的孩子引起的。所以,父母的这种教育观念在一定程度上助长了校园排挤事件发生的可能性。

2. 父母的侥幸心理

虽然媒体上时有校园排挤事件的报道，但有多少父母会去主动了解此类事件呢？大部分的家长会认为这种事情是绝对不会发生在自己孩子身上的，所以家长不会主动去关注这类事件。正是大部分家长的这种"事不关己高高挂起"的态度，才让社会上已经发生的校园排挤事件不能得到更合理的处理，以至于我们没有形成一种简单有效的处理模式。而一旦自己的孩子遭遇了排挤，家长就会手足无措，不能有效处理，使孩子的伤害不能降到最低。

3. 自身的原因

在学校中受欢迎的孩子往往具有较强的社交能力。他们头脑聪慧，待人友善，还有一定的幽默感，让和他们交往的人感到很舒服。而容易受排挤的孩子可能有以下特点：①性格内向，不会与人沟通，社会交往技能差；②争强好胜，自私自利，以自我为中心；③有特殊的个性或行为表现，如爱打小报告、不讲究个人卫生、脾气古怪、有不道德的行为等；④易怒、控制力差，喜欢用武力解决问题。

短时间的被排挤对孩子的发展影响不会太大，毕竟人际关系总是处在变化之中的，一时的"空窗"没有问题。但是若长时期没有朋友的话，受排挤的孩子除了自身的人际关系难以得到发展，情感上有挫折感以外，情绪上也容易低落、愤愤不平，长时间得不到解决可能会发展成社交障碍等心理疾病，进一步阻碍其后续的人际发展。

解决方案一：注意孩子的异常变化

一般在学校受到排挤的孩子不会主动告诉父母自己的遭遇，这可能是因为怕父母担心，或怕父母训斥自己，或觉得丢人不好意思，或受到了威胁等。所以，家长就要多关注自己孩子的日常表现，一旦孩子出现了异常行为就要引起足够的警惕，去寻找造成孩子变化的原因。绝不能因为自己的一时疏忽让孩子长时间受到伤害，那结果将会是所有家长不愿意看到的。

解决方案二：给予孩子信任与支持

当家长确认孩子受到同学排挤的时候，千万不要主观认定是自己孩子的错误。要知道，有时候发生这种事情可能根本没有任何的理由。所以，来自父母的信任与支持，是帮助孩子渡过难关，免于心理创伤的最佳处方。

现实生活中，家长不能及时发现孩子被排挤的状况，其中一个最主要的原因是家长跟孩子的沟通出现了问题。所以家长平时需要跟孩子保持亲密的沟通关系，尤其是在孩子刚升学或者变换了社交环境的时候。家长可以时常跟孩子交流一下学习，询问一下孩子和朋友相处的情况等。这种看似简单的信息交换，是获得孩子信任和让孩子感受被关注的重要方式。通过孩子回答的内容，家长要挖掘出孩子可能隐藏的信息。一旦发觉孩子出现了问题，父母要及时表达信任与支持、同情与关心。孩子知道自己遇到困难会有父母陪伴的时候，会更容易渡过难关。

因此，父母应避免在发现孩子被同学排挤时说这样的话："肯定是你自己做得不好"，"我怎么就没遇到过这种事呢"，"你抓紧跟同学道歉"等。可以试着这样说："我现在才知道这件事情，这段时间你是不是很受伤？很抱歉妈妈/爸爸没能在第一时间给你帮助，那我们可不可以来聊一聊这件事情的始末，看看有什么办法可以解决这件事情，无论最后你做出何种选择，妈妈/爸爸都会支持你。"

解决方案三：聆听孩子的心声，一起制定解决方案

家长可能一眼就可以看出孩子应该怎样处理排挤事件，但是建议家长不要直接给予建议，一是这样没有给孩子表达负面情绪的机会，也不能给予孩子足够的支持；二是剥夺了孩子自己解决问题、自我成长的机会。更好的处理办法是聆听孩子的心声，同他们一起制定解决问题的方案。

1. 倾听和接纳

一旦发现孩子被排挤了，家长首先应该耐心倾听孩子的苦恼，并认同和接纳孩子的感受，感受他的伤心和难过，感受他的无助和害怕。但注意不要让孩子陷入太多的思绪，过多地谈论痛苦，要引导他们多关注积极的方面。家长可以告诉孩子，现在很多人都会遇到这个问题，不只是他这个年龄阶段，成年人在工作中也会遇到排挤的事情。如果家长在工作中有类似的事情，可以和孩子一起分享。让孩子感受到自己不是那个最弱小的人，也不是那个最特殊的人；这只是成长过程中的一种历练，或早或晚都会遇到，早一点遇到并不一定是一件坏事，能够把它处理好，也会是一种收获；并且，父母会一直陪在他的身边，信任他、支持他、帮助他解决这个困境。

2. 分析原因并共同制定解决方案

虽然大部分父母不愿意承认自己的孩子会受到排挤，但是当这个问题不可逃避的时候，就需要静下心来仔细地分析造成这个局面的原因。家长要在孩子描述整件事情的基础上，和他一起分析被排挤的原因，共同制定解决方案。

（1）有可能是孩子自身的问题

那需要让孩子先意识到这是由于自己身上存在问题而导致的结果，如果是孩子不好的行为习惯造成的，可以让孩子去思考是否需要做出改变，从哪些方面进行改变；如果是孩子内向胆小造成的，可以建议孩子多进行自信心方面的训练，起码做到不畏惧和别人打交道。不建议用转学的方式来解决，若根本原因得不到解决，即使换了环境也会再次发生排挤事件。

（2）也有可能是对方的原因

那要让孩子意识到造成今天的局面并不是他的错，不要用别人的错误惩罚自己。发起排挤的孩子有可能只是为了维护自己在群体中的地位，受排挤

的孩子可以选择隐藏自己的锋芒,或寻找容易交往的对象,或换一个交往群体。

要明白,无论何种解决方案,制定者和实施者一定是孩子自己,父母只是参与者。很多时候孩子不愿意父母直接进行干预,但家长需要暗中跟踪事情的进展,以便能及时提供帮助。

解决方案四:家长直接干预

如果通过孩子的努力还是没有解决被孤立的境况,那么家长就需要出面采取必要的措施。长时间被排挤会给孩子造成心理伤害,其社交能力也会被削弱。

家长可以主动联系班主任,询问班主任对这件事情是否知晓,及其目前的处理办法,表明自己的态度和希望实现的目标,在和学校领导、班主任、任课教师等充分沟通后,共同商量制定解决方案,并持续跟进。

家长可以视情况的严重程度寻求专业的心理咨询师进行干预。遭受排挤后,孩子的心理状态肯定会受到影响,心理咨询师可以采用专业的手段给孩子进行心理调整,降低不良情绪。

家长可以创造机会让孩子先交到一两个朋友。想让一个受排挤的孩子短期内交到很多朋友是不现实的,但是只要能交到朋友,被排挤的伤害就会减少。家长可以通过班主任了解全班孩子的个性,找出一两个容易交往的,再创造机会,如生日聚会、家庭活动等,让孩子先交到几个朋友。

家长也可以带领孩子参与新活动、新团体,帮助孩子建立更丰富的课外生活,给孩子更广阔的世界。

关注孩子的"异常"表现

1. 孩子变得沉默寡言

原本活泼开朗的孩子突然变得沉默寡言,看起来像有心事的样子,家长询问原因也不说，或者一问及此事孩子就哭哭啼啼，表现得很委屈。那么家长就需要注意了，这并不是孩子进入青春期而导致的不愿与父母沟通，极有可能是孩子在学校出现了问题。

2. 孩子不愿意去学校

当孩子经常与父母提及不愿意去上学或者想要转学，甚至退学的要求，而这又不是因为孩子不愿意学习造成的，也没有学习跟不上或者考试成绩不好的因素，那么这时家长就需要主动联系学校的老师，询问孩子在学校的表现情况，找出孩子出现变化的原因。

3. 孩子经常向家长要钱

孩子突然用各种理由向父母多要零花钱。比如孩子声称要买东西而要零花钱，但家长最后却没有看见实物；孩子以学习的名义问家长要钱，但联系其他家长后却发现并没有这样的事。此类的事情出现多次后，家长就需要找孩子谈谈心了，关心一下孩子最近是不是发生了什么事情而着急用钱。家长要注意的是，千万别觉得孩子欺骗了自己而大发脾气，这样反而会令孩子不敢说出真正的理由。

4. 孩子身体出现伤痕

校园排挤除了会出现冷暴力，也可能伴有其他暴力手段。如果孩子身上出现伤痕，孩子又不主动告知父母自己受伤的事情，偷偷摸摸地处理伤痕害怕家长看到，那么家长一旦知道了，就应立即联系学校的老师，配合老师找出孩子受伤的原因，寻求进一步的解决方法。

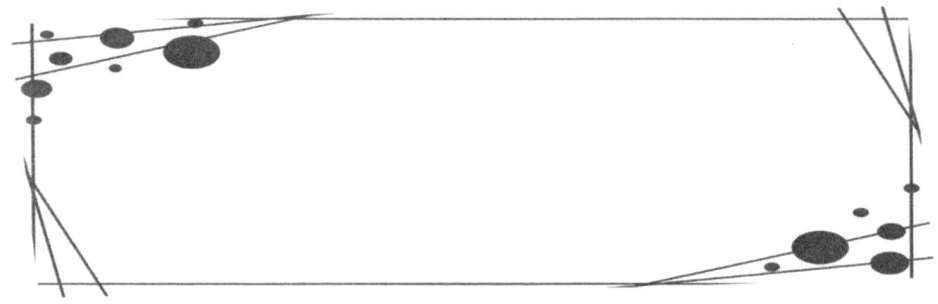

第四章 鼓励孩子乐观面对生活

孩子在学校跟同学相处,遇到一点不愉快就生闷气;做错了事情,老师批评一句就委屈地掉眼泪,觉得老师不喜欢自己;每逢考试,孩子的情绪就变得紧张焦虑,甚至失眠,考试成绩不理想,就破罐子破摔,不想好好学习了,家长该怎么帮助孩子?

第一节　看不见阳光的孩子

渴望人生的愉悦，追求人生的快乐，是人的天性，每个人都希望自己的人生是快乐的、充满欢声笑语的。快乐是一种积极的处事态度，是以宽容、接纳、愉悦的心态去看待周边的世界。月有阴晴圆缺，人有悲欢离合，生活也是由哭与笑、阳光与风雨、成功与失败组成的。而乐观与悲观就像光明与黑暗伴随我们左右。

乐观是一种性格，更是一种品质。乐观的性格有助于孩子增强克服困难的信心，有助于孩子的健康成长。生活就像一面镜子，你笑，它也笑；你哭，它也哭；你乐观地面对生活，充满信心，生活就会回报你温暖的阳光；你只知道怨天尤人，最终就会一事无成。

故事放送

倩倩是一名高二学生。她生在一个普通家庭，爸爸和妈妈都是普通公职人员。倩倩的妈妈从她很小的时候就对她寄予美好的希望,希望女儿能成为一个知书达理、气质高雅的好孩子。倩倩上小学时,妈妈给她报了一个舞蹈班,可是倩倩并不喜欢学舞蹈,她想学武术,想像男孩子一样舞枪弄棒。开始,妈妈不顾倩倩的哭闹,坚持送她去学舞蹈,她以为慢慢地孩子就会喜欢上舞蹈,但情况并不像她想得那么顺利。倩倩每次到了舞蹈房都哭闹着在地上打滚反抗,没有办法,妈妈只能带她离开了舞蹈学校。回家路上,妈妈非常气愤,忍不住在倩倩的胳膊上拧了一下。后来,倩倩说:"我永远忘不掉妈妈恶狠狠地拧我的那一下,胳膊都被拧紫了。"再后来,倩倩终于如愿学上了武术。

倩倩上了小学以后,由于比较调皮,经常被老师批评,久而久之,班里的一些同学就不愿意跟倩倩玩了,有的甚至还排斥和欺负她。她回家后向妈妈诉说自己在学校受到的不公正待遇,可是妈妈并没有当回事,她总觉得小孩子的事情哪有那么严重,她总是让倩倩反思是不是自己做得不够好,自己做好了就不会受老师批评了,同学们也就会喜欢她了。就这样,倩倩在妈妈那里得不到想要的保护,在学校的状况也得不到改善,导致她跟老师和同学们的关系越来越僵。后来倩倩回忆说:"班里的同学都联合起来欺负我,我感到很无助。"从那以后她开始讨厌老师和学校,而且变得不愿意与人交流,变得很敏感。她总觉得周围的人都不喜欢她,觉得自己是个多余的人,动不动就会被激怒,最后严重到经常因为几句话就跟同学动手打架。

上了初中以后,倩倩曾发誓要好好学习,要跟那些欺负她的同学在成绩上一比高低。所以,她在刚上初中时的学习成绩很好,但当她发现那些跟她敌对的同学成绩并不比她差的时候,她就变得消极、悲观了。慢慢地,她迷上了电子游戏,她觉得只有在虚拟世界里才能感到快乐,才能感觉到成就感。于是她越玩越上瘾,打游戏的水平也越来越高,就这样,她沉溺在了虚拟世界里不能自拔。

上了高中之后,她发现同学们都佩服她的打游戏水平,这让她感到了被关注、被赞美的喜悦,更让她深陷在游戏里不能自拔,甚至因为沉溺游戏而不到学校上课。不管家长怎么教育、老师怎么引导,她仍我行我素。她自己说也想好好学习,可是一回家打开电脑就无法控制自己了。妈妈开始意识到事情的严重性，开始关注孩子的心理感受和心理需求，可是，倩倩对妈妈的关心很冷漠，有的时候甚至是以激怒和用语言伤害妈妈的方式来换得自己所谓的痛快。

　　孩子成长的第一环境是家庭，父母是对孩子最重要的人。

　　故事中倩倩妈妈的一个无意的过激举动，使得倩倩幼小的心灵受到了伤害，后来倩倩跟妈妈诉说自己在学校的遭遇，希望能得到妈妈的帮助，却被妈妈当小事情给忽视了。妈妈在孩子需要帮助的时候，错过了与孩子沟通交流的最佳时机，这使得孩子失去了对妈妈的信任，造成孩子从小就生活在焦虑和不自信中。这样的生活状态使得孩子看不到阳光，感受不到快乐。

　　孩子从小没有建立好安全感，往往就会表现得不够自信、比较悲观，就会觉得父母不够爱自己，这种感觉随着时间的推移会使孩子的焦虑程度越来越深。童年时可能会表现为哭闹、抱怨、发脾气，到了青少年时期就会表现出心灰意冷、悲观失望或厌世情绪。

　　青春期的孩子虽然基本脱离了动作思维和表象思维为主的模式，但其抽象逻辑思维的水平还比较低，还处于从经验型向理论型过渡的时期。虽然他们的思维表现出一定的独立性，但在分析问题时仍然带有片面和流于肤浅的特点。

　　再从意志的品质来看，他们精力充沛，勇于拼搏，但自我控制能力不强，缺乏坚强的意志和顽强的毅力，在克服困难的过程中毅力还不够，一旦在学校、社会上挨了批评，遇到挫折或受到打击，就很容易产生挫败感，产生悲观消极的情绪。

　　在个性心理特点方面，青春期孩子的兴趣范围进一步扩大并具有一定的稳定性，动机层次提高，有一定的评价能力，并逐渐转化为决定自己行为的动机，体现了各自的价值取向。他们的自尊心越来越强，自尊心成为青春期孩子的自我意识最敏感、最不容许被人侵犯的部分。他们绝大部分都期望自己在集体中居于适当的地位，得到较好的评价和重视。随着身体的迅速发育、自我意识的明显增强、独立思考和处事能力的发展，青少年在心理和行为上表现出强烈的自主性，表现出很强的自信心和自尊心。

如果孩子长期得不到认可，慢慢地，他们就会变得看不见阳光、看不到希望，就会做出一些过激的行为来获得心理上的满足或者情绪上的发泄。

解决方案一：尊重孩子的个性和特点，给予孩子更多的支持与理解

要想让孩子开心地学习和生活，父母就需要教会孩子从小乐观地面对人生。如果已经错过了最佳的培养孩子乐观心态的儿童时期，那么家长就要抓住孩子的青春期。青春期是人的一生中身心发展最快的时期，被称为人生中的黄金时期。

青少年的思维有较大的发展，对事物的认识和评价不限于当前接触的实体，而且可以进行间接地评判与推理，并有预见性。他们对新鲜事物敏感，勇于探索、

创新，但思维批判性尚未成熟，难免片面和脱离实际。家长要尽可能地让孩子释放各方面的能力，帮助孩子找到自我，给他发展的权利，让他找到自己存在的价值，从而建立孩子的自信心。这就需要家长跟孩子建立良好的亲子关系，在此基础之上，才能对孩子有进一步的教育和引导。

故事中的倩倩之所以长期感受不到大家的认可，与她从小拘泥于家长和老师的要求之中，情绪和能力长期被压制，始终得不到释放有很大关系。小时候家长和老师还能左右得了她，到了中学以后，家长和老师就已经无法控制孩子的行为了。倩倩和妈妈的亲子关系是比较糟糕的。如果你是倩倩的家

长，你会怎么做呢？

家长们可能会有以下几种做法：

1. 倩倩，你都是高中生了，怎么还那么不让人省心呢？现在你应该懂事了，该知道好好学习了！

2. 倩倩，你越来越过分了，妈妈的话你是听不进去了，你就自作自受吧。

3. 倩倩，以后不能再玩游戏了，马上就要高三了，得收收心了！

4. 倩倩，能和妈妈好好谈谈吗？你的这种状态让妈妈很担心，妈妈是不是做得不够好，对你的关心不够，使得你现在以这种态度来对待妈妈？妈妈希望你能从阴影中走出来，希望你能和其他孩子一样健康快乐地学习。

经过简单对比，不难发现，第四种方式孩子最容易接受。故事中的倩倩其实在潜意识中埋怨妈妈，她觉得妈妈不理解、不尊重、不支持、不保护她，这是她悲观厌学的一个诱因。妈妈的主动示弱，会让她感觉到被理解和被尊重，这样的交流方式就可能使得母女俩开启一次触及灵魂的交流，从而使孩子走出阴霾。

当与孩子建立了融洽的亲子关系后，要经常跟孩子聊聊天，听孩子说说心里话，也要告诉他你对他的感情；多带孩子出去散步，和左邻右舍的朋友打打招呼，说声"你好"；多领孩子出去运动，这样对于孩子释放不良情绪很有帮助；邀请孩子的同学和朋友到家里来玩，启发孩子多发现朋友的优点；给孩子更多的空间，让孩子知道，无论他做了什么，父母都会一直爱他的。

父母的关爱是孩子心中最温暖的阳光，是孩子乐观面对一切的源泉。

解决方案二：引导孩子学会控制自己的情绪，培养孩子乐观的心态

"乐观"两个字说起来容易，做起来难。要使故事中的倩倩建立起乐观的心态则更难。英国思想家伯特兰·罗素曾说过："人类各种各样的不快乐，一部分是根源于外在社会环境，一部分根源于内在的个人心理。"也就是说悲观随处可以找到，但要乐观就需要智慧，必须付出努力、敢于面对现实，这样才能使自己保持一种人生处处充满生机的心境。

故事中的倩倩因为不被妈妈、老师和同学理解和接受，而感到处处被误

解和嫌弃，从而变得讨厌周围的人和事，变得性格内向且偏激。会出现这种结果，确实有很大一部分原因在于周围的环境和人，但还有一个原因就是孩子不能以乐观的心态来面对挫折和困境。作为父母应该从小就培养孩子乐观的心态。

人们很难通过自身的努力去改变周围的生存环境，但可以通过自己的精神力量去调节心理感受，尽量将其调试到最佳状态。家长平时要不断地给孩子以信心和勇气，要教育孩子目光盯在积极的那一面，就如太阳落山后，伴随着黑夜的来临，也还可以看到满天闪烁的星星一样。要告诉孩子，世界是向微笑的人敞开双臂的。

解决方案三：建立良好的家校合作关系，借助学校教育的力量

孩子都希望能成为一个让家长、老师和同学喜欢的人，故事中的倩倩也不例外。青春期的她虽然很叛逆、消极悲观，但是内心还是渴望阳光的，她也渴望成为一个阳光女孩。

现在各个学校都很关注学生的心理健康问题，学校里有专门的心理老师和心理咨询室可以对孩子进行心理疏导。故事中倩倩的妈妈可以跟倩倩的班主任联系，与学校的心理老师共同制定一个帮助孩子找回阳光的方案。方案中，要注重帮助倩倩回归学校，可以通过一些活动让倩倩感到老师和同学们对她的关心，让她感受到她是这个集体不可或缺的一部分。通过家校合作，帮助她慢慢从虚拟世界中走出来，渐渐融入集体生活中。

家长和老师都要多引导孩子学会用积极的心态去发现生活中美好的一面，多引导孩子去尝试新鲜事情，比如带孩子做一些公益活动，鼓励孩子多参加学校的集体活动。有人说过："一个人感兴趣的事情越多，快乐的机会也越多，而受命运摆布的可能性便越少。"青少年也应当拿出面对生活的勇气，不要把逆境当作一种不幸，而要用积极乐观的人生态度去热情地生活，愉快地学习，以豁达的胸怀去面对每一天。

我们要告诉那些看不到阳光的孩子，狂风暴雨之后的彩虹才会更美丽，只有经历破茧的痛苦才能得到华丽的蜕变，所以，请乐观地面对吧，走出阴霾，明天会更美好，成功就在不远处。

 **父母加油站**

如何让学生在个人成长的历程中挖掘潜能、实现人生价值，如何塑造一个生活和事业的成功者？随着社会的不断变化，青少年的心理健康问题也日益突出，如何塑造"阳光心态、魅力人格、责任人生"便成为人们不断思索的问题。要教会孩子：

1. 改变态度

我们改变不了事情就改变对事情的态度，态度改变了，事情就会变。有时候事情不重要，重要的是人对事情的态度。

阳光心态就是用积极向上的思想去看待一切事物的一种态度，是正确认识事物的助推器；魅力人格就是一种颇具感召力和影响力并能产生吸引力的内在素质和外在表现，是性格、气质、能力、思想、道德、情感、学识等有机融合的结果；责任人生就是能够自觉形成直面人生，较好地将人生价值与周围的各种需求有效结合并自觉遵守、维护、承担。

2. 做到言行一致

作为青少年，会碰到很多不顺心的事情。然而任何事情的发生看似偶然，实则必然，因为任何事情都是由天时、地利、人和等等诸多因素综合影响的复杂结果。要使自己能够坦然面对、正确处理事情，就必须做到以下几个方面：一是事情难以改变，就促使自己去适应；二是学会享受过程，精彩每一天；三是以未来为导向，活在当下；四是学会感恩，用感恩的心获得好心情。

 **我的教育心得**

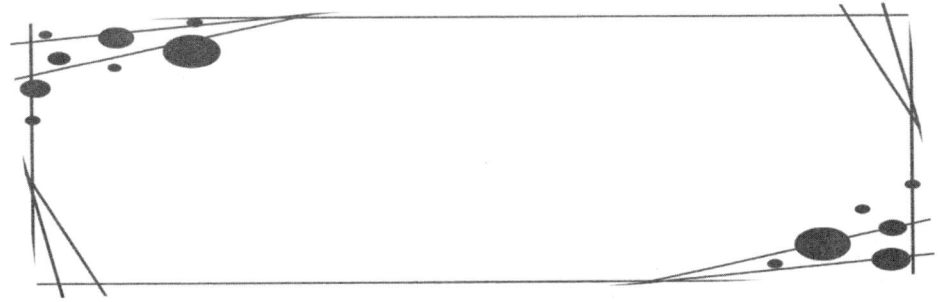

第二节　帮孩子减轻考试焦虑

导读

有许多学生，平时学得不错，但是一到考试就很紧张，这其实是一种考试焦虑。考试焦虑是一种在考试情境下，以担忧为基本特征的心理状态，表现为面对考试感到头疼、心跳加速，没有食欲，或出现注意力不集中、记忆力减退等现象。过度的考试焦虑会降低孩子的学习效率，影响学习成绩，需要家长给予关注。

故事放送

下周就要期中考试了，高一学生楠楠很担心，他觉得自己很多内容都没有复习好。楠楠想抓紧最后几天的时间把学过的内容再好好复习一遍，但是他觉得自己越想复习好，越是不能进入状态，一遇到不会的题目就很焦虑，做题的时候总犯一些低级的错误。这几天，楠楠睡不好觉，晚上总是失眠，脑子里老想："期中考试的成绩要作为选科的重要依据，万一考砸了怎么办？如果这次考砸了，父母会怎么看？老师会怎么看？同学们会怎么看？"

读懂孩子心

适度的考试焦虑有利于孩子考试发挥

很多高中生在临考前都会有一定程度的紧张或焦虑,这是正常现象。适度紧张可以增强学生的兴奋性,提高学习的积极性和自觉性,提高学生的注意力和反应速度等。在考试及其准备过程中,保持一定程度的紧张是必要的。如果孩子总是漫不经心,不把学习和考试当回事,反倒不利于孩子在考场中发挥。

过高或过低的焦虑水平不利于考试的发挥

焦虑程度和学习成绩呈倒 U 形曲线。考试焦虑有一个最佳值,处在这个最佳值时,考试效果最好;过高或过低,都会使学习或考试受到抑制,这一规律是"耶基斯－多德森定律"。

这一定律告诉我们,适度焦虑会产生较高的效率,有利于考试的发挥,提高考试成绩。

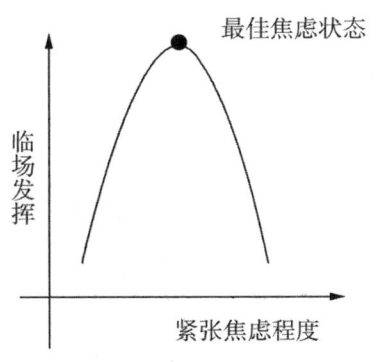

耶基斯－多德森定律

父母的高期望加剧孩子的考试焦虑

家长对孩子给予过高的期望,可能导致孩子出现高的考试焦虑水平。例如,有的孩子尽管很努力,但成绩依然处在中等水平,家长如果不顾实际情况，给孩子制定较高的考试目标，这种较高期望会使孩子的心理压力过大，孩子会怕考砸了不好向父母交代，怕辜负了父母的苦心，这会导致孩子对学习和考试厌恶，从而加剧考试焦虑。

父母对待孩子成绩的态度影响孩子的考试焦虑水平

父母如果采取过分干涉、过度保护、惩罚严厉的教养方式，孩子的考试焦虑水平就会变高。父母如果采取温暖、理解、民主的教养方式，则有助于缓解孩子的考试焦虑水平。也就是说，如果父母能够接纳成绩不理想的孩子，给予他们鼓励、支持，并和他们一起分析失误的原因，共同找出解决问题的办法，孩子就能感受到父母和他们是站在一起的，他们并不是孤军奋战，这有助于缓解孩子的焦虑水平。

孩子对考试的认知影响考试焦虑水平

如果孩子把考试当作一种证明自己能力的好机会，那么便会激发他们的一些行为手段来积极地面对考试，发挥出应有的甚至超常的水平。如果孩子把考试当作一件对自己有负面影响的事情，那么就会引起其焦虑、无助等负面情绪，导致孩子在面对考试时不能发挥出正常水平。

孩子以往的考试经历会影响考试焦虑水平

以往的考试经历和体验左右着孩子对自己应对考试能力的评价。如果孩子在过去的考试中积淀了对失败的恐惧以及对考试的消极态度，在随后新的考试中，他就会有无助感、自卑感，体验到不愉快、焦虑、紧张等

消极情绪，这可能导致他不能在考场上集中注意力，对自己不自信，考试紧张、焦虑等。这些又可能导致此次考试的失败，这样就形成了一种恶性循环。

解决方案一：树立正确的对待孩子考试成绩的态度，避免对孩子的负面评价

父母对待孩子的成绩要有良好的心态，应意识到成绩是体现孩子在一定阶段对所学知识掌握程度如何，或对这些知识运用能力高低的一种评判，它会受很多主观、客观因素的影响，是一个相对概念。处于青春期的孩子，自主意识增强了，自尊心也增强了，孩子希望被尊重、被理解、被认可、被肯定，需要心理支持、情感安慰。

例如，面对刚刚从考场回到家的孩子，父母不要再三盘问孩子考得如何。有时候，父母过分的询问会增加孩子考试焦虑的情绪。面对考试失败的孩子，父母应该抛掉打骂、生气、批评，耐心地和孩子一起分析失败的原因，找到解决问题的办法，并鼓励孩子：下次考试一定能行。

解决方案二：帮助孩子建立积极的"认知图式"

"认知图式"是瑞士心理学家皮亚杰提出的认知发展理论的一个核心概念。他认为，发展是个体在与环境不断地相互作用中的一种建构过程，其内部的心理结构是不断变化的，而所谓图式正是人们为了应付某一特定情境而产生的认知结构。简单些说，图式就是我们看待问题的习惯方式，它是由以往积累的经验和有组织的知识构成的。

例如，考试前，父母可以这样开导孩子："考试可以检验这段时间的学习状况，但是并不能完全反映出每个人的能力，如果这次成绩不理想，说明你在某个或某些知识上还存在漏洞，如能及时弥补，下次就可以提升自己，考出好的成绩"，"上次没有考好并不能代表这次也一定考不好，不要受之前考试情况的影响，不要否定自己，认真准备，你会有进步的"。考试失利后，不要过分指责孩子，可以帮助孩子分析考试失误的原因，找到解决问题的办法。

解决方案三：不要给孩子过高的期望，给孩子制定恰当的目标

有的父母对孩子的要求过高过严，时时处处都要求孩子做到最好，这使孩子形成事事必须做到最好的自我要求，给孩子带来很大的心理压力。一旦考试没有考好，孩子内心就会无法接受，如果距离目标差距比较大的话，孩子就会感到灰心失落，紧张焦虑，这更不利于他考试的发挥。

父母在给孩子制定目标时应和孩子商量，根据孩子的实际能力，循序渐进地为孩子设立目标。例如，有的家长会和孩子约定，每次考试都试着避免一个因粗心而导致的错误。

解决方案四：通过运动、放松身体等方法缓解考试焦虑

运动法

学生以脑力活动为主，适当的运动是消除大脑疲劳的有效方法。家长可建议孩子根据自己的实际情况，散散步、打打球、做做体操。

兴趣法

人们在从事自己感兴趣的事情时，整个身心都会投入进去，什么忧愁烦恼都会抛到九霄云外。因此，家长可建议孩子在紧张的学习之余，做一些感兴趣的事情，如唱唱歌、读读书、听听音乐等，这些都可以消除疲劳，化解烦恼，缓解考试焦虑情绪。

放松身体法

面部肌肉放松：双目圆睁，使眼睛与眼眶肌肉紧张，保持10秒钟，然后放松；嘴角尽力向后拉，保持10秒，然后放松；咬紧牙关，保持10秒，然后放松；用舌头抵住上颚，使舌头紧张，保持10秒，然后放松。各部分分别练习之后，可以做面部整体放松；眉头向上拉，眼睛尽量睁大，嘴角尽力向后拉，牙齿尽量咬紧，保持10秒，然后放松。

颈部肌肉放松：向前后左右四个方向紧绷颈部肌肉，保持10秒，然后放松。

背部肌肉放松：使双肩用力前收，体会背部肌肉紧张，保持10秒，然后放松。

腹部肌肉放松：尽量收腹，好像逃避别人的拳击，保持10秒，然后

放松。

腿部肌肉放松：绷紧双腿，并向上抬，好像两膝盖之间夹着一枚硬币，保持10秒，然后放松；将双脚向前绷紧，体会小腿部的紧张，保持10秒，然后放松；将双脚向膝盖方向用力弯曲，保持10秒，然后放松。

解决方案五：通过一些心理调适方法应对考试焦虑

考试过程中，有的孩子会因为考试焦虑有怯场反应，如面红气急、手脚发凉等，严重的出现恶心、休克等状况。家长可以教给孩子一些心理调适方法，帮助孩子应对这种情况。这样孩子即使耽误一点时间，也能调节心态，慢慢放松心情，安抚紧张情绪，从容顺利地完成考试。

自我深度松弛

在考前进行这样的练习：在全身深度放松的情况下，想象考场的紧张情景；重复进行，慢慢便会在想象出的任何紧张情况中都不再感到焦虑。

按压太阳穴，闭目养神

考试开始之前，闭目端坐，使自己心神宁静，做深呼吸十余次，再用双手拇指分别按压太阳穴，反复数次；还可以想一想喜欢的人和愉快的事，或默念一些富有鼓励性的名言名句。

积极的自我暗示

暗示是一种强烈的心理定式，引导潜在动机产生行为。通过自我暗示，可以调理自己的心境和情绪，对考试焦虑起到缓解的作用。考试前，可以让孩子每天早晨起床后及晚上入睡前，对自己说：我的复习状态越来越好，这次我一定可以取得进步。在考场中，可反复在心里告诫自己"放松、放松、放松"，在这种自我暗示的作用下心中的杂念自会消除，从而消除焦虑，放松身心。遇到不会的题目，可以让孩子这样想：我做不出的，别人也做不出；别人能做出的，我也做得出；我做得出的，别人不一定做得出。

鼠的焦虑

在非洲的沙漠中，有一种沙鼠，以草根为食。

这种沙鼠个头很大，医学界的人士曾想用沙鼠来代替小白鼠做医学实验，因为这样更能准确地反映出药物的特性。但医生们发现，关在笼子里的沙鼠一个个变得焦躁不安，到处找草根，即便实验者在笼内为其准备了很多草根，沙鼠还是想出去找草根。因为无法出笼，焦躁不安的沙鼠会在食物充足的情况下很快死去。面对这种情况，实验者很是不得其解。

后来科学家研究发现，不断寻找草根是沙鼠的遗传基因决定的，是沙鼠一种本能的担心。在非洲沙漠内的这些沙鼠，每当旱季来临前，都会忙得不可开交，囤积大量的草根，以度过这段艰难的日子。即便草根足够多，可以满足旱季所需，沙鼠仍要一刻不停地寻找草根，运回洞穴，否则便焦躁不安，嗷嗷叫个不停。

研究者终于明白了这些用于医学实验的沙鼠在笼内很快死去的原因。这是沙鼠头脑中的一种潜意识决定的，其实并没有任何实际的威胁存在。确切地说，它们是因为自己极度的焦虑而死亡的。

现实生活中，我们经常会要面对一些即将发生的、对自己很重要的事情，但又无法预测结果，人们就会感到莫名的焦虑与不安，因而会心跳加速，寝食难安，对身体健康带来很大的影响。现代医学研究发现，人们很多的疾病都是焦虑和紧张带来的。焦虑也是人们寿命缩短的最大因素之一。

我们不能像沙鼠一样，为不可预测的明天焦虑，甚至为明天死去。总结人的一生，许多担心都是没有必要的。人生无常，谁也说不清明天的事情。沙鼠焦虑的一生，是对我们最好的提醒。

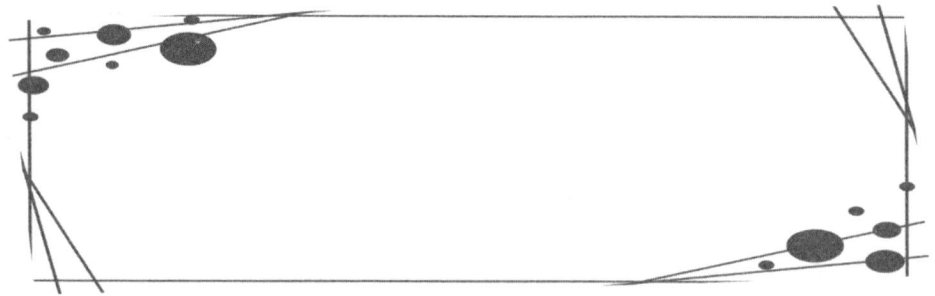

第三节　自信是鼓励出来的

导读

自信是心理健康的重要指标之一，对高中生的个人成长与发展有着重要的影响。高中阶段，孩子的自信心不稳定，自我意识的增强使得他们更加敏感、关注别人对自己的评价，如果这个阶段，老师、家长经常指责孩子的缺点和不足，就容易打击孩子的自信，使其不能形成客观的、积极的自我评价，而有效的权威鼓励、同伴支持则会极大地促进孩子的正面成长。

小南考上市一中了，这是市里最好的高中，小南妈妈看出女儿有些担心，害怕成绩跟不上。高一第一次期中考试，小南的成绩很不理想。自那以后，她变得越来越沉默，无论是学习还是其他方面，都非常不自信。小南妈妈听班主任说，小南上课总是低着头，老师提问的时候，基本上不举手发言，回答问题也很紧张。小南现在也不愿和同学交往，在同学们面前感觉很自卑。

小南妈妈相信女儿还是很优秀的，只是在重点高中里，小南不再像以前那样表现突出罢了。小南妈妈很想帮孩子建立自信，但又不知道该怎么做。

自信是心理健康的重要指标

自信是心理健康的指标之一，关系到一个孩子的自我接纳程度。

自信的孩子能认识到自己的缺点，但并不因此而挑剔自己，他们对自己尊重、宽容，能合理地接纳自己，自我感觉很好，为人处事具有较高的积极性、能动性、主动性，能够与他人友好相处。

不自信的孩子觉得自己处处不如人，怕被别人瞧不起，很希望得到肯定和鼓励。他们无法悦纳自己，总是想战胜自己，改变自己。他们一般比较自卑、脆弱、焦虑、容易受伤害，对别人的指责或者蔑视看得极其重要，产生过分的防御反应，人际关系敏感。

中学阶段，孩子的自信心降低

研究表明，孩子在小学阶段的自信心基本保持稳定，进入中学后，自信心明显降低。进入中学，孩子面临的压力增大，包括学习压力、新的同学关系的调整、与家长关系的疏离……这些都成为中学生的压力源，使他们在适应的过程中遇到困难，自信心下降。而对高中生来讲，升学是他们最大的压力源，高中生在学习过程中的高压力和由之而产生的挫败感，容易使他们怀疑自己，自信心下降。在中学阶段，学生往往对自己的期望值比较高，但是现实和理想之间的差距比较大，有的时候，努力也未必能达到预期的效果，于是对自己产生怀疑，否定自己，自卑、情绪消沉、孤僻、抑郁等。

中学阶段，女孩的自信心往往低于男孩

中学阶段，男孩和女孩的自信水平存在差异，女孩的自信往往低于男孩，这种差异在高中时期最大。受社会文化传统的影响，男孩的自信主要建立在独立成就和运动能力上；而女孩的自信主要建立在外表吸引力和人际关系上，

自信心更多地依赖他人，如父母、老师或者好朋友的评价上。

中学阶段，身体意象对孩子的自信心有非常重要的影响

身体意象是指一个人心目中对自己身体美学的评价，是个人对自己身体特征的一种主观性、综合性、评价性的概括，既包括对自己身体各方面特征的了解和看法，如美丑等，也包括所感觉到的别人对自己身体的看法等。

身体意象是影响中学生自信心的一个重要因素。如果中学生对自己的身体意象比较积极，认为自己是受人喜爱的，那么他的自信心就会比较好。

进入青春期后，孩子越来越关注自己的外貌。这个阶段的孩子容易将外貌视为全部的自我，容不得半点"差错"，他们往往对自己的外貌"期望值"过高，用一种极度挑剔的目光来审视自己的外貌，把自己身上不完美的部分无限地夸大。

一项研究表明，青少年中期，近三分之一的女孩"非常"或"相当"关注她们外貌看起来不够满意的地方。约有90%的中学生对自己的外表有所不满。青春期的女孩特别爱照镜子，不是嫌自己鼻梁太低，就是嫌自己额头太窄，或者担心自己太胖；而男孩经常忧虑不安的是，他们认为自己的身材不够高大，脸上长痘及体重超重等。

父母（家庭）为中学生自信心的树立奠定基础

父母对孩子的自信心树立影响巨大，而且对同性别子女的影响更大。如果父母能为孩子树立一个好榜样，那么男孩会认为自己能像爸爸那样有担当，对自己更有信心；女孩会认为自己可以像妈妈一样优雅、热爱生活。反之，如果父母在孩子心里的形象是不美好的、负面的，那么孩子就会觉得自己也有父母那样的不足，对自己的评价偏消极。

此外，亲子关系也会影响中学生的信心。与父母亲近、相处融洽的孩子，感到自己是被喜爱的，并且父母的温暖和理解是孩子的能量来源，感觉得到支持和鼓励的孩子更自信。相反，充满惩罚和否定的亲子关系，使孩子认为自己是不被喜爱的、不优秀的，从而导致不自信。

良好的同学关系让孩子拥有自信

同学关系是影响中学生自信心的一个重要因素。研究表明，同学关系密切，对同学关系较为满意的孩子往往更自信，而那些没有形成亲密同学关系或者遭到同学拒绝的孩子往往不太自信。

亲密的同学关系有利于建立同学间的依恋关系，帮助孩子获得社会支持，有助于缓解社会生活压力对孩子的消极影响。

由于孩子大多会选择社会背景和个性特征与自己相似的人做朋友，这有利于建立与朋友一致的价值观，促进孩子的自信心。那些受到同学喜欢的孩子在与同学交往的过程中，归属感得到强化，心理承受能力增强，这有利于保持孩子自信心的稳定。

经历消极生活事件越多的孩子，自信心往往越低

消极生活事件包括亲人的逝世、重要考试失败、搬家或转学、父母离异、生病、人际关系问题等。消极生活事件给孩子带来很大的压力。他们对于这些压力很难完全应付，消极生活事件所带来的困扰和处理不当所带来的挫折感、无力感使中学生信心降低。

例如，有的学生在较为频繁的转学中，一直很难适应新的学校教学和同学关系，于是认为自己成绩差、不善于交往，以致自信心降低。

解决方案一：给予孩子更多的情感支持、鼓励、肯定

中学阶段是孩子自信心的低谷期，一方面中学生压力大，包括学业方面的、同学关系方面的、外貌方面的、能力方面的压力等；另一方面，中学生进入青春期，更加敏感，更加容易受到外界的影响而怀疑自己、否定自己。因此，家长应该格外关注孩子的自信心。

父母（家庭）是孩子建立自信心的基础，父母对孩子的评价直接影响孩

子的自信心。家长需要给予自信心不足的孩子更多的鼓励和肯定。当孩子遭遇挫折时，给孩子情感上的支持和温暖；当孩子心情不好时，接纳孩子的负面情绪，给予孩子正能量；当孩子失败时，给孩子肯定和鼓励，让孩子感觉到自己是有价值的。

家长一定不要说"你看人家谁谁谁""你怎么不学学谁谁谁"之类的话，拿自己孩子的短处和别人孩子的长处比，这是最不好的。当孩子失败时，家长不要当众批评孩子，不要对孩子说类似"你真没出息""我对你完全失望了"的话，多说"再试一次""我相信你""加油，我知道你会成功的"这种鼓励的话。

解决方案二：引导孩子正确对待他人的看法

中学阶段，孩子的自信心往往比较低，女孩的自信心比男孩更低，家长需要格外关注孩子尤其是女孩的自信心。

告诉孩子，面对他人的评价要独立思考，有选择地接受。要让孩子知道，面对别人好的或者不好的评价时，在感到得意或者失望之前，先静下心来，好好想想，别人的评价到底对不对，思考自己究竟是什么样的。对别人的评价要有选择地接受，正确的部分接受，不正确的部分就忽视它，不必因为别人错误的评价而困扰。

提醒孩子多关心自己对自己本身的看法。告诉孩子最了解自己的应该是自己，因为自己和自己待的时间最长，所以最重要的是自己对自己的认识和评价，如果局限于别人的评价，缺乏正确的自我评价，就会有很多烦恼，也会失去很多发展机会。

教孩子学会自我欣赏。写自我欣赏日记是一种不错的方式。当一天结束的时候，让孩子回顾一下，写下 5 个他自己欣赏自己的地方，包括获得的成就（如课堂上完美地回答了老师的问题、篮球比赛上进球得分了），也包括自身的优势（如幽默、善良、聪明、有创造力等）。找个时间和孩子一起阅读，肯定孩子的优点和成就，并表达赞美之情。当孩子自我评价比较低时，一定要鼓励孩子，慢慢地，孩子会更有自信，自我评价更积极。

解决方案三：帮助孩子形成正确的身体意象

身体意象对中学生自信心的形成有非常重要的影响，家长要帮助孩子形成正确的身体意象，正确地评价、看待自己。

首先要了解孩子在身体意象方面的自我评价是否得当，如果孩子过于注重自己的外貌或者对自己的外貌总是不满，家长就要引导孩子形成正确的身体意象，正确评价自己。例如，有的中学生会抱怨"我太胖了""要是我能再高点就好了""我腿怎么这么短"……这些都是身体意象方面自我评价低的表现。

其次，帮助孩子做一点小小的改变，提高身体意象方面的自我评价。例如，帮助孩子在穿着上稍加注意、换个发型，或者教给孩子一点搭配上的小技巧，让孩子看到自己的变化。同时赞美孩子，肯定他的变化，提高孩子的自信，使其形成身体意象方面的积极自我评价。

最后，家长要抓住时机，告诉孩子，外表固然重要，内在的丰富和美好才是最赏心悦目的。家长不要认为自己看似无心的话对孩子没有影响，你们的话会在不知不觉中影响孩子。例如，家长可以抓住跟孩子一起散步、吃饭、看电影等各种休闲的机会与孩子沟通。如当电影结束后，在彼此都很放松的情况下，跟孩子谈谈你的审美观，告诉孩子，青春期的女孩都是美的，男孩都是英俊的。告诉孩子有一些人的美丽随着时间慢慢衰退，但有些人凭借积极的心态、丰富的学识、良好的修养，历经时间，魅力旷久。

解决方案四：帮助孩子形成亲密的同学关系

对于不被同学接纳，同学关系有问题的孩子，家长一方面需要帮助他们被同学接纳，如指导其学会倾听、多帮助别人、与同伴交往时更加积极主动一些；另一方面需要让孩子学会悦纳自我，给孩子表扬和肯定，避免其因为被同学拒绝而完全否定自己。

以下是一些交友技巧。

1. 多称赞。称赞同学获得的进步，即使是很小的成功。

2. 不要咄咄逼人。当别人错了的时候，宽容一点，不要让别人感到难堪，给他留点面子。

3. 不要在背后议论同学的不足。在背后，多说同学的优点和好话。如果找不到什么好话说，那就保持沉默。

4. 试着从别人的立场上分析问题。当跟同学发生争执的时候，不要忘了问自己：他这样做是出于什么原因？如果我是他，我会怎样做？

5. 赠送一些小礼物。礼物可以是对取得进步的祝贺，或者是对遇到困难的鼓励，或者没有任何理由的，只是觉得适合他。这些都会让朋友感到温馨和快乐。

解决方案五：发生消极事件时，帮助孩子疏导压力

消极生活事件容易使孩子承受更多压力，如果处理不好，容易导致孩子消极，信心不足。当发生消极生活事件时，家长要及时帮助孩子疏导压力。

例如，当孩子考试失利时，父母要及时观察孩子的情绪表现，如果孩子自己不能处理好，那就需要家长采取一些措施。首先，帮助孩子释放压力，可以通过打球、游泳、爬山等方式，让孩子出出汗、发泄一下；然后，跟孩子一起分析原因，可以把原因归为孩子考前休息得不好、复习范围有偏差等，尽量给孩子增加自信。

拿破仑给士兵的鼓舞

拿破仑是法兰西第一共和国的第一执政者,他是法国历史上最出色的政治家和军事家之一。他给士兵的鼓舞,一直受到后人的敬佩。

有一次,一个士兵骑马给拿破仑送信。由于情况紧急,战马长途奔跑,且速度过快,所以到达拿破仑军营后就倒地而死了。拿破仑接到信后,立即写了一封回信,交给那个士兵,要求他骑上自己的战马,火速把信送回原地。

士兵看到那匹战马身强体壮,身上的装饰华贵无比,便对拿破仑说:"不,将军,我只是一个平庸的士兵,实在不配骑这匹强壮的战马。"

拿破仑回答道:"世上没有任何一样东西,是法兰西士兵所不配享有的。"

把自认为"平庸"的士兵看成高贵的"将军",拿破仑的鼓舞与激励是拿破仑军队战无不胜的法宝。

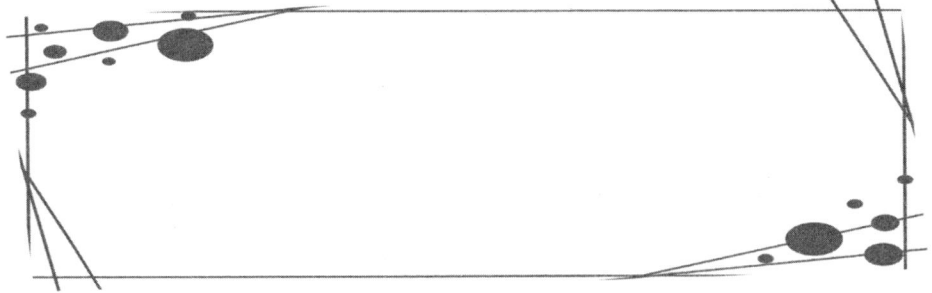

第四节 耐心呵护"小火山"

导读

青春期孩子的心理特点与他们的生理变化有着很大的关系。外形上的急剧变化、身体机能上的快速增强都是促成他们产生一系列心理变化的基本因素。

青春期的孩子能感受种种在儿童时期感受不到的心理冲突和压力,如对自己的期望和现实的落差,自我评价与他人评价的不同,尤其当父母、师长仍然以对待不谙世事的孩童之态度对待他们时,青少年的各种心理冲突和矛盾更容易激化,并可能在情绪情感、性格特征及日常行为等方面出现种种问题。

青春期的孩子在思维品质上表现出一定的独立性,但在分析问题时仍然带有片面和流于肤浅的特点。从意志品质上来看,青春期的孩子精力充沛,勇于拼搏,但自我控制能力不强。青春期孩子的心境容易受外界影响,对失败还常常不能进行理智的、积极的归因。

故事放送

晶晶，女，16岁，高一学生，父母都是普通职员，家庭收入一般。晶晶小时候，父母由于工作忙，无法安心照顾她，所以只能把她交给奶奶带。重男轻女的思想使得奶奶一直不喜欢晶晶。奶奶经常把晶晶扔到一边让她自己玩，有时候晶晶调皮一点，奶奶还会打她、骂她。晶晶一直不明白，奶奶为什么要这么对她。

上学以后，晶晶回到了妈妈身边，妈妈的个性很要强，对晶晶的管教很严厉，她希望晶晶各方面都做得比较出色。如果晶晶稍有不听话或做得不好，妈妈就会很伤心，有时候气急了还会拍她两下。晶晶很害怕妈妈，她在妈妈面前总是表现得很好、很乖，但是到了学校她就释放自己的天性了。她爱跑跑跳跳，爱跟同学打打闹闹。到了高中以后，晶晶觉得自己过得很开心。由于她能歌善舞，人又活泼热情，所以老师安排她当了文艺委员和课代表。她热衷于参加各种集体活动，班主任觉得她很出色，经常把一些班级活动交给她来组织，她每次都能完成得很好。

忽然有一天，几个同学找到班主任来倾诉，说受不了晶晶的一些行为，比如说，经常指使别人干这干那，如果大家稍有不愿意，她就在班里摔摔打打，还经常骂人，在宿舍里也经常乱拿乱用别人的东西，弄得大家对她都敬而远之，她简直就像班里的"独裁者"，说对谁发火就对谁发火。

班主任听了这些话半信半疑，她不相信晶晶会是同学们说的这个样子。正当这时，又有老师反映晶晶与班里的男生有不文明交往行为。班主任这下真的震惊了，于是开始着手调查情况。经过几天的调查了解，班主任发现，晶晶的现状确实令人担忧。她就像是一座"活火山"一样，随时都有可能喷发，对班级造成了很不好的影响。

班主任找到了晶晶，经过一番促膝长谈，了解了事情的前因后果。晶晶说，上了高中之后，她感觉很开心，觉得能做好多事情来证明自己的实力。尤其是跟班里的一位男生做了同桌之后，她觉得阳光映射到了自己的心里，她喜欢上了这位男生。自从与该男生交往之后，她觉得自己变得很安全、很幸福，因为这个男生对她好，而且这个男生个性很强悍，一般同学不敢惹。再加上班主任对晶晶的信任，这一切都让她感觉无论她在班里做什么事情，都不用怕别人来打她、骂她了。她感到了从未有过的满足和骄傲。就这样，晶晶在强烈的虚荣心的作用下迷失了自我，从而导致她在班里为所欲为，弄得同学们敢怒而不敢言。

童年的经历，在孩子的成长道路上留下了阴影

故事中的晶晶从小缺少父母的陪伴，缺乏家人的关怀和温暖。童年时奶奶的嫌弃和暴力对待，给晶晶的幼小心灵留下了深深的阴影。无助和不安感长期压抑在孩子的心中，使得孩子很长一段时间都没有安全感。孩子生长于批评中，便学会论断人；孩子生长于敌意中，便学会攻击人；孩子生长于恐惧中，便学会了焦虑；孩子生长于无助中，便学会了抱憾；孩子生长于荒唐中，便学会了羞愧；孩子生长于嫉妒中，便学会了怀恨；孩子生长于羞辱中，便形成罪恶感；孩子生长于鼓励中，便学会了自信；孩子生长于包容中，便学会了忍耐；孩子生长于赞美中，便学会了欣赏；孩子生长于接纳中，便学会了关爱；孩子生长于肯定中，便学会了自重；孩子生长于认同中，便能树立目标；孩子生长于分享中，便学会了慷慨；孩子生长于公平中，便学会了公义。

晶晶的成长环境使得她缺乏自信、经常焦虑，而且潜意识中她已养成了一种通过暴力来解决问题的习惯。而当她发现通过暴力可以获得心理上的满足之后，在虚荣心的作用下，她会很享受这种感觉，会不由自主地想让这种感觉持续下去。

青春期的孩子各项心理品质及个性特征日趋成熟

处于青春期的孩子自尊心特别强，他们大部分都期望自己在集体中居于适当的地位，期望能得到较高的评价和重视。随着身体的迅速发育、自我意识的明显增强、独立思考和处事能力的发展，青春期的孩子在心理和行为上表现出强烈的自主性。他们开始有了自己的见解，有了自己的活动空间。

故事中的晶晶很渴望受到关注和认可，她在老师面前积极表现，就是想得到老师和同学的认可，她知道利用自己的优势来换取老师的信任和同学的羡慕。在与班里某位男生的交往中，她感受到了从未有过的安全和幸福，她陷入这种感觉中无法自拔，于是开始迷失自我，这使得长期以来潜藏在她内心的心理品质及个性特征全都表现了出来。

解决方案一：家长要对孩子进行有节制的管理和建议

其实不光故事中的晶晶是这种状况，据调查研究，现在有超过七成的高中生的父母形容自己的孩子就像一座"活火山"，不知什么时候就会喷发。孩子暴躁的根源应该是与原生家庭分不开的。跟着奶奶生活时的不幸福经历，以及长大以后妈妈过于苛刻的管束，是造成故事中的晶晶脾气暴躁的根本原因。

从心理学的角度来讲，暴躁是每个人在成长的过程中都要经历的一个阶段。随着思想和心理的成熟，高中孩子开始拥有自己独立的见解和判断。所以家长平时在面对孩子的时候一定要自己先做到心平气和，要注意以下几点：

1. 当孩子做了错事或者有不良情绪的时候，千万不要斥责和体罚孩子，应该冷静地陪着孩子，等孩子平静下来，再同孩子谈心，教育孩子要理智地驾驭感情。

2. 平时，对孩子的合理要求要主动给予满足，不合理的要求坚决不能满足。

3. 不要对孩子要求过分苛刻，要尊重孩子，要进行有节制的管理。

原生家庭对孩子心理健康的发展起着至关重要的作用。所以，为了孩子的健康成长，家长在教育孩子的时候一定要做到有耐心、有信心、有智慧。

解决方案二：老师进行正面干预，家校合作，引导孩子树立正确的人生观

人们生活在复杂的社会环境中，总会遇到挫折和冲突带来的烦恼与困扰，这时候如果有较强的自我调节和控制能力，就能与各种困扰因素做斗争。青少年在遇到这些问题时，难免会不知所措，所以帮孩子树立正确的人生观，就能坚定孩子与困境做斗争的信念。

故事中的晶晶在对待人和事情上有着比较偏激的价值取向。原生家庭对孩子的成长起到很大的影响，晶晶在童年跟奶奶相处得不和谐的时候，家长没有及时地给孩子做心理疏导，导致了孩子认为奶奶的恶劣态度和暴力做法是合情合理的，那么受这种想法的影响，孩子无形中也会效仿，久而久之就会成为一种固定的思维方式。到了青春期，如果这种错误的处事态度和价值观没能得到及时纠正，那么孩子将来的人生会受到很大的负面影响。所以这时候，孩子成长道路上的两个重要角色——家长和老师，有不可推卸的责任和义务，要联合起来帮助孩子。

家长和班主任可以找心理老师共同商讨，给孩子制定一个干预方案。班主任可以根据晶晶平时的表现，从肯定她对班级做的贡献入手，慢慢提出她做的不合理的地方，然后再引导她认识什么是正确的待人处事的态度，从而告诉她要树立正确的人生观，这样就不会为个人得失而斤斤计较，就不会陷入"自我中心"而难以自拔，就不会被矛盾所困惑，不会为冲突而忧虑，就会为自己营造一个健康的心理环境。

在家长和老师的共同关爱和呵护下，随时可能喷发的"小火山"们，可能就会彻底休眠了。

父母加油站

青春期是人生发展中的"危机期"——既危机重重，又充满机会。掌握和形成科学的教育理念，帮助青少年顺利度过人生中的这一特殊阶段，不但可以预防他们出现这一阶段容易出现的种种问题，而且对于他们今后更好地适应社会有重要的铺垫作用，可以为他们将来进一步的全面发展打下良好的基础。当然，如何更好地教育青少年，这也是对家长智慧的考验。

1. 换一种方式更加密切地关注孩子的成长

青少年所追求的是一种精神世界的独立，他们在物质上还是要依赖父母的，为了更好地成长还需要师长的密切关怀。所以，作为父母，首先要理解他们特有的年龄特征和心理特点，在此基础上调整自己的心态和教育方式。进入青春期之后的孩子，可以说在个人成长上更加需要长辈们关注，但这种关注更多的是属于人生导师般的、良师益友般的指导。家长应该表现为默默地关注他们的心理状态，一旦孩子有需要，能够及时地出现，并给予适当的指导和帮助。

2. 重视并帮助孩子建立与同伴的友谊

同伴的友谊、同龄人的评价，对于青少年来说，变得前所未有的重要。这是因为这一阶段的孩子产生了强烈的自我意识，他们关注自己在别人心目中的形象，试图以此进行自我形象、自我价值的探寻，而要达成此目的，同龄人的评价成了最好的参照点。并且通过与同伴的接触、交往，孩子不但能够知道自己的各种心理是否正常，而且还习得了这一年龄阶段的人"应有"的意识和行为规范等。由于经验、阅历等的不同，父母再怎么放下家长的架子，也无法取代同龄人的地位。所以，对于孩子之间的友谊，父母应该理解、支持，并且鼓励。比如，当孩子提出在家里举办朋友聚会时，在可能的条件下要予以合作；对孩子的活动不乱加干涉；如果孩子要与朋友外出，一定要注意不要强行陪同，可以与孩子进行友好的约定。

3. 尊重、理解、信任自己的孩子

几乎每一个人从懵懂时代开始，就懂得寻求他人的表扬和肯定。进入青春期，膨胀的自我意识更是比任何时候都更加需要他人对自己的肯定和认可。作为家长一定要自始至终抱着尊重、理解和信任的态度。为什么这样的态度对教育青少年这么重要呢？主要有以下三个方面的原因：

首先，尊重、理解、信任的态度是开始青少年教育工作的大前提。为了获得积极的自我概念，青少年迫切需要来自周围人的肯定。自我价值、自我的独特性等是青少年生活的主题。他们的行为服从于这一主题，外界对他们的影响，也必然要通过影响其对自我价值的评价这一渠道。所谓"亲其师信其道"，而要实现"亲其师"，首先要让孩子感受到自己被尊重、被理解和被信任。

其次，对青少年的尊重、理解和信任有助于发展他们的自尊，较强的自尊感会给青少年带来一系列积极的效应。正如教育家诺尔特所说："如果一个孩子生活在批评之中，他就学会了谴责；如果一个孩子生活在敌意之中，他就学会了斗争；如果一个孩子生活在鼓励之中，他就学会了自信。"

最后，尊重、理解和信任的态度有助于激发青少年的潜能，增强他们内心深处"善"的力量。青少年的可塑性很强，正处于世界观和人生观形成的关键时期，大人的态度对他们的个性和品格的形成有不可估量的作用。家长不但要相信"孩子是可以教育好的"，而且还应该将人可以自我挽救的信心传递给他们。对于缺乏自信的孩子，家长更需要给予赞赏和鼓励。

第五节　让孩子经历风雨

　　没有人是一帆风顺的，每个人的一生都起伏不定，总会遇到这样那样的"风雨"。青春期是人生成长的重要时期，个体的生理接近成熟，但心理发展还不平衡，是从幼稚走向成熟的转折时期，这时孩子的自我意识增强，独立又依赖，常常体验到"风雨"。而"风雨"有着正面和负面的影响，它既可使人走向成熟、取得成就，也可能破坏个人的前途，关键在于怎样面对挫折。

第四章 鼓励孩子乐观面对生活

某高一女生被老师批评后服药自杀。她在日记上写道:"爸妈,当你们看见这段话的时候,我已经在路上了。我其实早就想离开了,只是没有这个勇气。我不知道老师为什么总是盯着我,总是看不上我似的,每当她说我的时候,我总是觉得特别没有面子,终于,我忍耐不住了!"事后,据调查,批评该生的教师除了正常的教育外,没有任何过激行为。

某位母亲面容憔悴地守在电脑前,不停地发寻人帖子,希望好心人能帮她留意离家出走的儿子。她18岁的儿子因最近成绩一落千丈,厌学离家出走已有9天,她担心儿子性格内向,想求救都不会向陌生人开口。据了解,孩子出走的原因并不复杂,他平时性格内向,交友圈子不大,今年面临高考,压力大,常常流露出不愿去上学的念头。最近可能他情绪波动太大,就选择了离家出走。

近来,网络上类似的报道屡见不鲜,很多孩子遇到挫折,感到无助。那么,父母该如何对孩子进行引导和教育?

青春期孩子常常遇到"风雨"

青春期的孩子生理接近成熟,但心理发展还不平衡,正从幼稚走向成熟。他们自我意识显著增强,现实我和理想我逐渐分化,他们既渴望独立又依然依赖,他们渴望实现自我价值又感到力不从心,求知欲强烈但分辨能力低,情感丰富但欠缺理智,自尊心很强,常有自卑感。

这个时期的孩子很容易体验到各种困难、失败、挫折,外部因素包括家庭(亲子关系紧张等)、人际关系(同伴关系问题等)、学业困扰(学习困难、压力过大等)等因素;内部因素包括个人对目标的期待、对挫折情境的判断等。

孩子"风雨"后的反应

孩子遭遇"风雨"后，不可避免地会产生一定的挫折反应，一般来说，会产生强烈的情绪，如烦恼、焦虑、抑郁、紧张等，且可能伴随一些过激行为。这些都很正常，是面对挫折后的阶段反应。当然，情绪过后，在父母的引导或自身的努力下，孩子会分析困难、审时度势，克服各种困扰，坚持朝目标迈进，并且会更加强大。

"风雨"是孩子成长的"壮骨剂"

"自古英雄多磨难，从来纨绔少伟男"。有不少父母总是想方设法排除一切干扰，让孩子顺利成长，这是可以理解的。但是，拥有健康的人格，比学再多的知识都重要。在孩子的成长中，不要盲目宠爱、溺爱，一味迁就，让孩子适当体验到挫折，让孩子知道挫折不可避免也是十分重要的。没有经历挫折，很难培养起挫折适应能力，孩子又怎能输得起呢？

功课做错了，考试考砸了……别忙着"代办"，最好趁势引导孩子直面问题，正视困难，让孩子学会处变不惊，重整旗鼓。试想，如果一个孩子能对日常遇到的挫折等闲视之，还会"一言不合"就受不了吗？反之，如果长着"玻璃心"，即使被拦下了一时冲动，等到以后遇到比"不让看电视"更大的问题时，他还能平和对待吗？

实践证明，困难、挫折、失败能够使孩子正确认识自己，掌握解决问题的方法、技能，增强孩子的适应能力，磨炼孩子的意志，使之逐步形成自我激励、自我调节机制，因此成为孩子成长必不可少的"壮骨剂"。

当然，让孩子经历风雨，并非给孩子创造"风雨"，核心不是要给孩子设置各种挫折，让孩子提前经历各种磨难，而是教孩子学会正确面对挫折和失败，在经历无数挫折后依然保有一颗快乐而幸福的初心。

解决方案一：树立正确的"挫折观"，培养孩子的抗挫能力

许多父母都认为，孩子心理承受能力差，应该对孩子保护有加。这种观念直接影响了孩子。其实，一个人受点挫折，尤其是早期受一些挫折，很有好处。家长应正确看待挫折的教育价值，把它看成磨炼意志、提高适应力的好方法。父母应该注意培养孩子面对现实、面对困难的正确态度，遇到困难要正确分析原因，迎难而上，而不是退缩逃避。父母应该让孩子树立起这样的信心：世上没有什么事情能把人难倒。孩子遇到困难，父母要鼓励孩子独自去解决，引导孩子一分为二地看问题，做到"胜不骄，败不馁"，遇事不能患得患失，应该达观开朗，具有坚强、自信、豁达、果敢的性格，这样，孩子将来即使遇到挫折也输得起。

解决方案二：感受孩子的情绪，做好陪伴支持

孩子经历风雨时，家长首先要冷静，不要急躁地批评和嘲笑孩子，可以让他一定程度地发泄痛苦，之后予以劝导、安慰，告诉他失败对于人生的价值。要告诉孩子：世界上没有从未失败过的人；做出了成绩、赢得了成功的人失败的经历比别人更多；失败可以给人生带来很多好处。家长还可以帮孩子一起分析失败的原因，总结教训，指出他今后应该努力的方向。当然，对于不同个性的孩子可以采取不同的对策。如对心理相对脆弱的孩子，以安抚为主；对心理承受力强又比较狂妄的孩子则可以适当批评。

在风雨之中，重要的是让孩子感觉和体会到父母的爱。在孩子孤独无助、屡弱痛苦的时候，深切的父母之爱，会让他得到安慰，获得依靠，吸取力量。

解决方案三：帮助孩子在风雨后快速恢复

西方教育十分注重培养孩子受挫后的恢复力。乐观的孩子不是没有痛苦，

而是能很快地从痛苦中解脱，重新振奋。父母首先需要改变自己对失败的负面观念，挫折其实是学习的好机会，要把挫折看成成长或者变强的机会。

1. 宣泄法。风雨过后，孩子一定会十分苦闷，要鼓励孩子通过倾诉、书写、听音乐、哭泣等合理的方式宣泄自己的情绪。

2. 转移法。体验挫折情境后，不要把注意力总放在挫折体验上，引导孩子将注意力转移到感兴趣的事情上。

3. 自我暗示。在挫折中，孩子常感觉到自我价值感较低，这时候对自我的认知是消极且不充分的，应该让孩子在逆境中对自己进行积极心理暗示，如"我是最棒的"，鼓励自己，增强克服困难的信心。

4. 补偿法。"上帝为你关上了一扇门，也一定会为你打开一扇窗。"当在某个情境下体验失败，客观分析后，可以用其他成功目标代替。

发达国家的"挫折"教育

著名心理学家马斯洛说："挫折对于孩子来说未必是件坏事，关键在于他对待挫折的态度。"聪明的父母应该懂得让孩子"吃点苦"，接触完整的挫折教育，培养他们正确的挫折观。孩子在受教育的过程中遭受挫折，认识挫折的重要意义，能够激发潜能，学会面对困难并战胜挫折，建立自信和乐观的品质。

很多发达国家早就实行"挫折"教育了，取得了不错的效果，其方法值得我们借鉴。

日本：让孩子从小吃"苦"

在中国，很多父母是舍不得让孩子吃苦的，他们总是小心翼翼地保护着孩子。过度保护是孩子成长路上的绊脚石，当孩子离开父母的庇护，独自走上社会，常常会跌更大的跟头。

在日本，有关挫折的教育和引导十分值得中国借鉴。在报道中，我们经常看到，日本父母会让孩子在天寒地冻时穿着短裤、短袖进行户外活动，磨炼意志。日本会鼓励大城市的学生去偏远的山区接受艰苦的生活训练，以培养孩子吃苦耐劳的精神和坚韧不拔的毅力。

美国：认识劳动的价值

中国有一句口号"劳动最光荣"，但父母却常常阻止孩子参与劳动，甚至总是告诉孩子"你的任务就是学习，别的都不用干"。在这样的教育下，孩子长大工作后都不懂得怎么洗衣做饭，动手能力非常差，离开父母几乎无法好好生活。

美国中学生的口号是："要花钱，自己挣。"美国的孩子12岁以后都会为家里做家务，如剪草、送报等。美国一些州立中学，为培养学生适应社会生存的能力，特别规定：学生必须不带分文，独立谋生一周才能毕业。

瑞士、德国：培养自立能力

很多中国父母对孩子的事情基本是包办的，特别是很多独生子女，从小就在蜜罐长大，总是饭来张口，衣来伸手。很多父母会为孩子安排工作，会为儿女准备婚房和婚车，甚至替他们操办婚姻；更夸张的是，一些父母还承担了孙子孙女的教育费用。

但是瑞士作为世界上最富裕的国家之一，却重视孩子自立能力的培养。十五六岁的女孩，初中毕业后，要到别人家做一年女佣，上午劳动，下午上学；男孩到一定的年龄也要参加劳动，锻炼他们的劳动能力和独立生存能力，以免长大后不能独立生活。

在德国，父母从来不包办孩子的事情，他们将子女视为独立的个体，让子女尽早学会独立。一岁时父母就会鼓励他们自己捧着奶瓶喝牛奶，喝完了，父母还会向孩子道谢并加以赞许。随着孩子年龄和能力的增长，父母再引导他们完成一些更难的事情。

父母的首要责任就是让孩子懂得，一个人走向社会，最终要靠自己，靠自立和自强，要对自己负责，生命中的考验常有，不要把挫折归咎到命运和他人身上。

我的教育心得

第五章 协助孩子找到人生理想

孩子没有目标，面对未来的人生选择很迷茫，我该怎么指导？

孩子的理想专业是化学专业，我想让他学习医学，未来当医生更有前途，我们为此争执不已，我该怎么办？

新高考"6选3"模式下，等级考试按层赋分，怎样选课才对孩子有利？

即将选科了，孩子成绩却忽上忽下，没有明显的优势学科，该怎么找到能力优势呢？

第五章 协助孩子找到人生理想

第一节 你的兴趣我支持

  丁肇中曾说过，喜欢比天才更重要。孔子在《论语·雍也》中说："知之者不如好之者，好之者不如乐之者。"兴趣在人的学习和工作中，发挥着很大的作用。若一个人对某种工作有兴趣，他能发挥全部才能的80%~90%，并且能长时间保持高效率而不感到疲劳，工作满意度会更高，也更容易做出成就；如果对某种工作不感兴趣，则他的才能只能发挥20%~30%，并且容易疲劳，也更容易产生职业倦怠。

故事放送

小优从小对电脑很感兴趣,从最开始的小游戏到简单的编码,到网页制作,她做起来都得心应手。因此从初中开始,小优就下定决心大学要考取计算机专业。

但是,这并未得到父母的认同和支持。父母认为,小优是女孩子,学不好计算机,未来工作辛苦,最重要的一点是,他们认为,现在计算机专业不像从前一样热门了,未来的就业并不简单。父母希望小优学习金融经济类专业,认为这适合女孩子,且就业更加广泛。

在高考之后选择专业的那段时间里,伴随着无数次与父母的争执,小优妥协了,选择了经济学。按照父母的说法,兴趣都是培养的,他们认为小优一定会通过学习爱上这个专业。

现在小优马上就要大二了,这一年她在专业学习上付出了很多努力,积极参加课外实践活动,通过各种方式培养自己对专业的热爱,但是却无法做到。她向学校提出转专业申请,但是经过了解好像也并不容易,小优陷入了前所未有的困扰之中……

兴趣是人们选择职业的重要因素

兴趣是人认识某种事物或从事某种活动的心理倾向,它是以认识和探索外界事物的需要为基础的,是推动人认识事物、探索真理的重要动机。一个人对某种专业、职业感兴趣,就会在学习和工作中全神贯注、积极热情,富有创造性地努力完成所从事的工作;反之,他即使聪明能干,也可能在本专业或本行业中毫无建树。研究表明,一个人若对某种工作有兴趣,则能发挥全部才能的80%~90%,并且能长时间保持高效率而不感到疲劳,工作满意度会更高,也更容易做出成就;如果对某种工作不感兴趣,则他的才能只能发挥20%~30%,并且容易疲劳,也更容易产生职业倦怠。

兴趣发展金字塔

兴趣的发展也并不是一蹴而就的,就职业兴趣而言,兴趣的发展一般经历"有趣—乐趣—志趣"的过程。

和孩子聊天,会发现孩子感兴趣的事情有很多,书法、绘画、舞蹈、跆拳道……但孩子可能坚持不了半年就放弃了。这样的兴趣让人感到愉悦,却无法深入发展,这是兴趣发展的最低端,是感官兴趣(又称有趣)的阶段。例如有些孩子今天想当老师,明天想当医生,后天又可能想当导游,这种职业兴趣是短暂的,往往转瞬即逝,易起易落,不能用于人生规划。

感官兴趣上升,就到了兴趣的第二阶段——自觉兴趣(又叫乐趣)。这是兴趣发展的中级水平,在这一阶段或水平,人们的兴趣会向专一的、深入的方向发展。例如一个人对无线电感兴趣,他不但会学习相关的基础理论知识,还会亲自装配和修理,并参加相应的兴趣小组。有了乐趣,才可以将此种兴趣加入职业规划的范畴。

随着乐趣的渐渐深入,我们才能来到金字塔的最顶端——志趣。当人的乐趣与自己的社会责任感、理想、奋斗目标结合起来时,兴趣便真正成为志趣,这是兴趣发展的最高水平。志趣可以伴随人的整个人生,但是找到它却没有那么容易,要先从兴趣中找到乐趣,再慢慢培养,最后在乐趣中真正地找到自己的志趣。

不要将父母的心愿强加给孩子

我们常常听到家长这样教育自己的孩子:你要好好读书,好好学习,长大才能过上幸福生活。父母习惯于为孩子规划人生:考一所名校,找一份好工作,捧一个好饭碗。父母的人生经历丰富,想把自己的经验传给孩子,因此,给孩子设计好了最美好的未来,殊不知,孩子的兴趣才是人生规划中那个最重要的因素。不要将父母的心愿强加给孩子,当孩子失去兴趣时,他是没有动力、没有价值感的,更是没有幸福感的。对于青春期的孩子,更要听听他们的想法,支持他们的兴趣选择。

特别是在帮孩子选专业等事件上,家长千万要尊重孩子的意见,不要全权包办。以前读大学的目的是改变家庭经济状况，提高社会地位。现在读大学，这样的目的已经不是很迫切了。现在的孩子，选择适应时代特质的、感兴趣的专业，对以后的发展更为重要。社会发展非常快，时代交替也很快，孩子有自己的网络及认知渠道，他们对未来要主宰的时代的把握，比家长要好。

解决方案一：帮助孩子探寻自己的兴趣所在

青春期的孩子往往乐趣很多，但是能够转换为志趣的却很少。因此，家长要引导、帮助和支持孩子探索自己的兴趣。

首先，要耐心观察，让孩子多尝试，培养孩子的广泛兴趣。如果孩子无法确定自己的兴趣，这就需要父母创造机会，让孩子去体验和感受不同的领域。一般来说，兴趣越广泛的人知识面也就越宽，在事业上会更有作为，但也要防止兴趣太广，什么都想做，又什么都没做成，结果一事无成。

在孩子拥有广泛兴趣之后，要引导其形成中心兴趣。一个人如果只有广泛的兴趣，而无中心兴趣，其知识只能是肤浅的；只有在广泛性职业兴趣的基础上培养出良好的中心兴趣，才能获得深刻的知识，也才能有创造性。

最后，在中心兴趣中寻找并保持稳定的职业兴趣。一个人只有具有了持久而稳定的兴趣，在工作中表现出应有的耐心和恒心，才能在事业上有所作为。

解决方案二：尊重和支持孩子的兴趣选择

家长应该有平和的心态。很多家长对孩子的兴趣嗤之以鼻，十分不解。比如孩子喜欢动漫，家长的反应往往是，这有什么用，将来又不能当饭吃。殊不知，很多时候，我们并未真正了解孩子热爱的东西。

一定要给予孩子一定的选择权。莎士比亚说："学问必须合乎自己的兴趣，方才可以得益。"人在做自己感兴趣的事时，内心会产生一种幸福感，这种幸福感激励他不断努力，不断追求。父母应该给孩子一定的选择权力，让他们选择自己喜欢的事，当孩子的主动性被调动起来的时候，他们的激情就会像火山爆发一样不可阻挡，家长只需要扮演一个支持者的角色就够了。

职业兴趣类型

职业兴趣是兴趣在职业方面的表现，是指人们对某种职业活动具有的比较稳定而持久的心理倾向。由于兴趣爱好不同，人的职业兴趣也有很大的差异。有人喜欢具体工作，例如室内装饰、园林、美容、机械维修等；有人喜欢抽象和创造性的工作，例如经济分析、新产品开发、社会调查和科学研究等。职业兴趣是个人进行职业规划时需要注意的重要因素之一，对一个人的生活和活动有巨大的作用，对职业选择和职业发展都有一定的影响。

职业兴趣的类型分为以下六种：

常规型

尊重权威和规章制度，喜欢有秩序的、安稳的生活。惯于按照计划和指导做事，按部就班，细心有条理。不习惯自己对事情做判断和决策，较少发挥想象力。没有强烈的野心，不喜欢冒险。

艺术型

热爱艺术，富于想象力，拥有很强的艺术创造力。乐于创造新颖、与众不同的成果，渴望表现个性，展现自己。做事理想化，追求完美。擅于用艺术形式来表现自己和表现社会。进行艺术创作或创新时，不喜欢受约束和限制。

实践型

喜欢使用工具或机械从事操作等动手性质的工作，动手能力强，通常对亲自体验或实践理论和方法的兴趣甚于与其他人讨论，一般不具有出众的交际能力，喜欢从事户外工作。

社会型

乐于助人和与人打交道，乐于处理人际关系。喜欢从事对他人进行传授、培训、帮助等方面的服务工作。愿意发挥自己的感染力和说服力引导别人。通常他们有社会责任心，热情，善于合作，善良，耐心，重视社会义务和社会道德。

研究型

喜欢理论研究，潜心于专业领域的创新和应用；喜欢探索未知领域，擅长使用逻辑分析和推理解决难题。不喜欢官僚式的管理行为过多地影响研究工作。

管理型

对其所能支配的各种资源能够进行有效的计划、组织、领导和控制。喜欢影响别人、敢于挑战，自信、有胆略、有抱负，沟通能力出色，擅长说服他人，追求声望、经济成就和社会地位。

我的教育心得

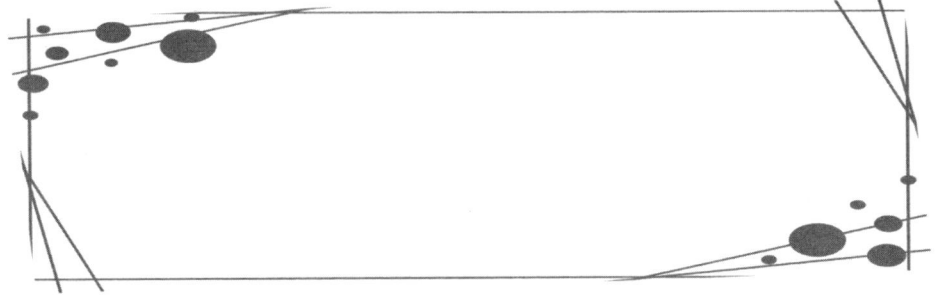

第二节　共同探寻能力优势

 **导　读**

　　进入高中后，孩子自我意识增强，开始观察和关注别人，喜欢和别人比较。班内学习能力或某科学习能力超强的学生特别能引起他人的关注和崇拜，同样，在体育、艺术等方面有优势能力的同学也会让人羡慕。由于这一时期的孩子缺乏辩证思维，看问题往往只看其一，不顾其余，所以往往看到的都是别人的优势，而忽略了自己擅长的能力。正是这种对别人的过分关注和不恰当的比较，引发好多孩子的自我挫败感，他们感觉自己什么都不如别人，从而变得沮丧、丧失了自信心。"尺有所短、寸有所长"，每个人都有自己独特的优势和与之对应的发展轨迹，找到它，才能帮助孩子建立自信并找到适合的发展方向。

故事放送

　　这些天，刘聪有点郁闷：他是一个喜静不喜动的人，平常最喜欢做的事就是读读书、做做题，加上做事细心又耐心，初中时他的成绩一直遥遥领先，尤其是写作，作文经常被语文老师当作范文读给同学们。上了高中后，他的成绩依然不错，在班里稳居前五，但和自己的同学相比，他觉得自己好像变差了、变笨了……

刘聪的同桌是个又帅气又阳光的男孩，打得一手好篮球，上课反应也超快，总能第一时间响亮地回应老师；前桌是个活泼的女孩，是班里的文娱委员，钢琴已过十级，歌唱得相当好听。一下课，他的桌边会围上来一堆人，但这些人不是为了跟他搭讪，而是找他同桌聊聊篮球，或者是向他前桌献献殷勤，他常常被挤到一边。他尝试向同桌学习，体育课选修了篮球，但篮球一到了他手中就不听使唤，他投球运球笨拙迟钝，常常引得同学哄笑。这些日子学校要举行合唱比赛，前桌没少给他开小灶，但他却总是跑调，这不，昨天前桌直接在台上当着全班同学的面让他只张嘴别出声，以免影响班级……

他一下子觉得自己怎么这么笨，哪儿都不行了，就连语文老师给他送来他新获得的全国创新作文大赛一等奖的证书，都不能让他提起兴致了。

什么是能力

能力是人顺利地完成某种活动所必须具备的心理特征。能力总是和某种活动相联系并表现在活动中。只有从一个人所从事的某种活动中，才能看出他是否具有某种能力。

能力能直接影响我们活动的效率，从事某种活动必须以一定的能力为前提，并通常由几种相关能力相互配合完成。比如，一名优秀的建筑工程师需要有良好的空间想象能力、逻辑思维和绘图能力，一名合格的教师则需要有良好的言语表达能力和人际沟通能力等。

根据解决问题范围的大小可以把能力分为两类：一般能力和特殊能力。一般（基本）能力指完成大多数活动都需要的能力，如观察力、记忆力、抽象概括能力、创造力等；特殊能力指从事某种专门活动所需要的能力，如音乐能力、绘画能力等。

根据能力功能的不同可以把能力分为三类：认知能力、操作能力和社交能力。认知能力指人脑储存、加工和提取信息的能力，如观察力、记忆力等；操作能力指人们运用自己的肢体去完成各项活动的能力，如劳动能力、工具运用能力、实验操作能力等；社交能力指人们在社交活动中所表现出来的能力，如沟通、谈判、解决纠纷的能力等。

欣赏别人的优势，但不能以己之短比他人之长，妄自菲薄

尽管能力分类的角度各有不同，但有些能力是我们从事所有活动都必须具备的，如一般能力。由于天赋各不相同，再加上后天的教育、训练程度不同，所以每个人在活动中所表现出来的能力也有所不同。例如有的人善于言语表达，有的人则长于动手制作，有的人在数理方面一窍不通，有的人却无师自通。

如同案例中的刘聪，其实他在语文学科方面具有很强的学习能力和优势，可是在运动、音乐技能方面与其他同学相比就显得不足，这本来是人之常情，但他用自己的劣势去和别人的优势做比较，所以感到挫败，感觉自己变"笨"了，甚至引以为豪的写作也难以唤起他的信心。

能力也需要培养

能力的形成与发展虽然有先天差异但也与个人后天的主观能动性、实践活动和训练培养有重要的关系，我们可以从以下几个方面鼓励孩子不断增强或培养他们的能力。

1. 多用积极正向的言语评价、鼓励孩子

我们对自身能力的感知在很大程度上受他人评价的影响，尤其是青少年阶段，更加关注别人对自己的评价，积极的、正向的评价能激发他们的潜能和主动发展的行为。例如，一学生英语学习能力一般，但在一次期中考试中听力部分得了满分，英语老师破天荒地在课堂上对他进行了表扬，并期望大家能向他学习。老师一次无意的举动，对这名同学产生了莫大的催进作用，

老师的鼓励和同学的称赞，焕发了他对英语学科的兴趣和潜能，在之后的英语学习中，他的成绩突飞猛进，一跃升为班级前列。

2. 积累成功的体验，增强孩子的自我效能感

一个人的能力往往体现于任务的完成程度。成功的任务经历或体验能强化孩子的自信，增强孩子的自我效能感。自我效能感高的孩子在学习、人际交往、做事中会更加成熟、自信，敢于尝试，不惧失败。

解决方案一：回顾和梳理"我的成就事件"，帮助孩子寻找优势能力

我能干成什么？我擅长什么？我的智能优势在哪儿？观人易，知己难，要想清楚地找到这些问题的答案似乎并不容易，家长和孩子可以借助下面的表格共同回顾过往的成长历程，并从那些较为成功的事件中探索、梳理一下孩子的优势能力所在。

```
事件经验 STAR 模型
S（situation）：当时的情况、背景等
T（task）：面临的任务、要求、目标
A（action）：采取的行动、反应
R（result）：取得的结果
```

		我的成功经验	对应的智能
1	S T A R		①
			②
			③

(续表)

	我的成功经验	对应的智能
2	S T A R	①
		②
		③
3	S T A R	①
		②
		③

解决方案二：运用"我的能力清单"厘清能力优势强度

通过回顾经历过的成就事件，我们可以粗略地捕捉到孩子具备的某些优势智能。美国著名成功学大师拿破仑·希尔在对美国政界、工商、金融等领域成功人士的成功之道进行分析后得出，一个人成功的关键在于认识并发挥自己的能力。罗杰斯智能清单可以帮助家长和孩子更清晰地厘清孩子的优势强度。

阅读每一个问题，在符合情况的选项内画"√"。

	几乎不 1	偶尔 2	有时 3	通常 4	几乎总是 5
1. 我对于用字的直接和间接意义非常小心谨慎。					
2. 我欣赏各式各样的音乐。					
3. 人们遇到数学或计算上的问题都会来向我求助。					
4. 在我的脑海中，我可以想象出清晰、精确的画面。					
5. 我的肢体动作非常协调。					
6. 我知道自己所持的信念以及行动背后的理由。					
7. 我了解别人的情绪、脾气、价值观及意向。					
8. 我可以用语言或文字有自信地表达自己。					

（续表）

	几乎不 1	偶尔 2	有时 3	通常 4	几乎总是 5
9. 我知道基本乐理，如和声、和弦与音阶。					
10. 当我遇到问题时，我会用逻辑、分析、逐步的程序来解决。					
11. 我有很好的方向感。					
12. 我能够巧妙地操作工具，例如剪刀、球类、榔头、解剖刀、画笔、缝针、钳子等。					
13. 我对于自己的了解有助于我在生活中做出明智的决定。					
14. 我能够影响别人接受我自己的信念、偏好和想法。					
15. 我的语法观念很强。					
16. 我喜欢作曲或从事音乐创作。					
17. 我在接受事实、理由和原理时，保持严密、怀疑的态度。					
18. 我擅长拼图和阅读说明书、服装图样及建设蓝图。					
19. 我在体能活动上有过人的表现，如舞蹈、运动。					
20. 我了解自己的性情，这有助于我决定是否参与某些场合。					
21. 我想要从事"助人"的行业，如教师、治疗师或咨询员；或是当政治或宗教领袖。					
22. 我能够用口语或文字去影响或说服别人。					
23. 我热爱表演音乐，例如在观众前演唱或弹奏乐器。					
24. 我寻找对现实世界的科学化的解释。					
25. 我能够轻易且准确地看地图。					

（续表）

	几乎不 1	偶尔 2	有时 3	通常 4	几乎总是 5
26. 我的双手技艺可媲美电气技师、裁缝师、水电工、机械技工、木匠和组装工人。					
27. 我了解在不同的情境下，自己的情感、情绪和信念会错综复杂地变化。					
28. 我有能力担任调解员，帮别人或团体解决问题。					
29. 我对声音、韵律、音调及声韵（尤其是诗词）非常敏感。					
30. 我有很好的节奏感。					
31. 我想从事像化学家、工程师、物理学家、天文学家或数学家的工作。					
32. 我能够制作空间世界的图像，如绘画、雕塑、设计草图或画地图。					
33. 我在体能活动中可舒解压力、获得满足。					
34. 我的内在自我是力量和复苏的最终来源。					
35. 即使别人试着隐藏其动机，我仍能了解他们的意图。					
36. 我喜欢阅读各类书籍，而且是经常性的。					
37. 我有很好的音感。					
38. 在处理数字时，我能获得满足感。					
39. 若我能亲自体验学习的对象，我喜欢以实施的方法学习。					
40. 我身体的反射动作和反应敏捷又准确。					
41. 我对自己的观点很有自信且不易受别人左右。					
42. 我和一群人在一起时能够感到自在、有自信。					

（续表）

	几乎不 1	偶尔 2	有时 3	通常 4	几乎总是 5
43. 我以写作为主要的沟通方式。					
44. 音乐会影响我的情绪和思维。					
45. 我比较喜欢有明确"对""错"答案的问题。					
46. 我可以精确地推测距离和其他测量值。					
47. 我在掷球或射箭、射击、打球时都能准确命中目标。					
48. 我对自己的情感、信念、态度和情绪都能负责。					
49. 我有很多朋友。					

结果统计：方格的题号和上面问卷的题号相同，各列的分数相加就是底下的总分，也就是你在该项智能的分数，其意义请参阅下方的解释。

文字/语言型	音乐/韵律型	逻辑/数学型	视觉/空间型	肢体/动态美学型	个人内省型	人际关系型
1□	2□	3□	4□	5□	6□	7□
8□	9□	10□	11□	12□	13□	14□
15□	16□	17□	18□	19□	20□	21□
22□	23□	24□	25□	26□	27□	28□
29□	30□	31□	32□	33□	34□	35□
36□	37□	38□	39□	40□	41□	42□
43□	44□	45□	46□	47□	48□	49□
总分□	□	□	□	□	□	□

分数的意义：

分数——偏好或能力的强度

7~15——低强度：你倾向于"逃避"它，而且当你必须运用它时可能会感到不舒服。你对它的偏好属于第三顺序。这项智能应该不是你最喜欢的。

16~26——中强度：你倾向于"接受"它或稍微能轻松自在地运用它。你对它的偏好属于第二顺序。你可以凭自己的意愿，决定是否采用这项智能。

27～35——高强度：你倾向于"偏爱"它并能轻松熟练地运用它。你对它的偏好属于第一顺序。你非常喜爱运用这项智能。

加德纳的"多元智能理论"

学校一直在强调的学习或考试其实只强调学生在逻辑数学和语文（主要是读和写）两方面能力的发展，但这并不是人类智能的全部。美国哈佛大学心理学教授加德纳提出了著名的多元智能理论，他认为智能是人在特定情境中解决问题并有所创造的能力，他认为我们每个人都拥有八种主要智能：语言智能、逻辑数学智能、空间智能、运动智能、音乐智能、人际智能、内省智能、自然观察智能。

1. 语言智能

这种智能主要是指有效地运用口头语言及文字的能力，即听说读写能力，表现为个人能够顺利而高效地利用语言描述事件、表达思想并与人交流的能力。这种智能在作家、演说家、记者、编辑、节目主持人、播音员、律师等职业上有更加突出的表现。

2. 逻辑数学智能

从事与数字有关工作的人特别需要这种有效运用数字和推理的智能。他们学习时靠推理来进行思考，喜欢提出问题并执行实验以寻求答案，寻找事物的规律及逻辑顺序，对科学的新发展有兴趣，对可被测量、归类、分析的事物比较容易接受。他人的言谈及行为也成了他们寻找逻辑缺陷的好地方。

3. 空间智能

空间智能强调人对色彩、线条、形状、形式、空间及它们之间关系的敏感性很高，感受、辨别、记忆、改变物体的空间关系并借此表达思想和情感的能力比较强，表现为对线条、形状、结构、色彩和空间关系的敏感以及通过平面图形和立体造型将它们表现出来的能力。这类人在学习时用意象及图像来思考，能准确感觉视觉空间，并把所知觉到的表现出来。

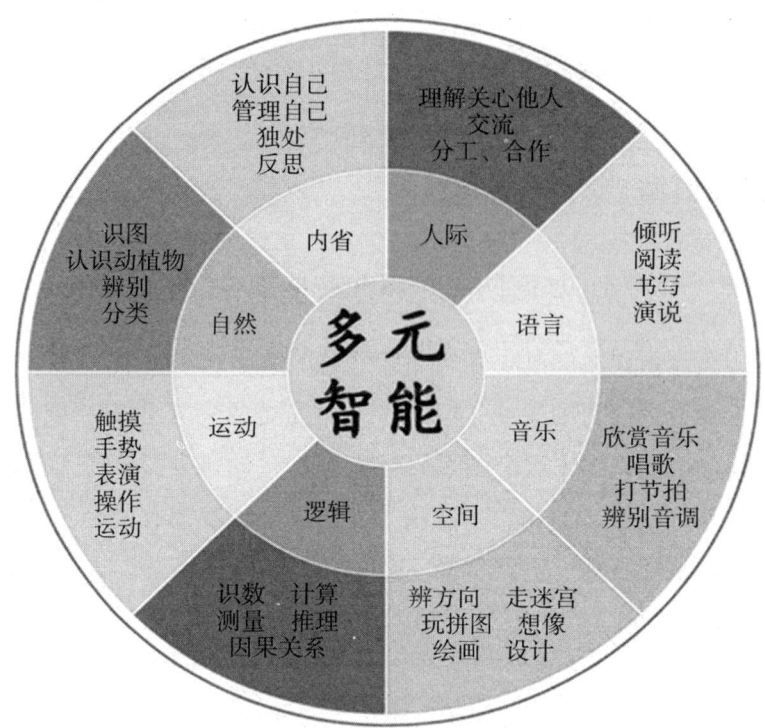

4. 运动智能

这种智能主要是指人调节身体运动及巧妙运用双手改变物体的能力。表现为能较好地控制自己的身体，对事件能做出恰当的身体反应以及善于利用身体语言来表达自己的思想。运动员、舞蹈家、外科医生、手艺人都有这种智能优势。这类人很难长时间坐着不动，喜欢动手建造东西，喜欢户外活动，与人谈话时常用手势或其他肢体语言。他们学习时是透过身体感觉来思考的。

5. 音乐智能

这种智能主要是指人敏感地感知音调、旋律、节奏和音色等的能力，表现为个人对音乐节奏、音调、音色和旋律的敏感以及通过作曲、演奏和歌唱等表达音乐的能力。这种智能在作曲家、指挥家、歌唱家、乐师、乐器制作者、音乐评论家等人员身上都有出色的表现。

6. 人际智能

人际智能是指能够有效地理解别人、与人交往的能力，包括四大要素。①组织能力，包括群体动员与协调能力。②协商能力，指仲裁与排解纷争的能力。③分析能力，指察知他人的情感动向与想法，与他人建立密切关系的能力。④人际联系，指对他人表现出关心，善解人意，适于团体合作的能力。

7. 内省智能

这种智能主要是指认识自己的能力，表现为能正确把握自己的长处和短处，把握自己的情绪、意向、动机、欲望，对自己的生活有规划，能自尊、自律，会吸收他人的长处；会从各种回馈管道中了解自己的优劣，常静思以规划自己的人生目标，爱独处，以深入自我的方式来思考；喜欢独立工作，有自我选择的空间。这种智能在优秀的政治家、哲学家、心理学家、教师等人员那里都有出色表现。

8. 自然观察智能

认识植物、动物和其他自然环境的能力。自然智能强的人，在打猎、耕作、生物科学上的表现较为突出。自然智能应当进一步归结为探索智能，包括对于社会的探索和对于自然的探索两个方面。

由此可见，每个人的能力都有所偏向，每个人身上都具有多元智能，每种智能彼此之间没有优劣之分。研究表明，大部分人都能在1~2种智能上表现出优越的能力。清晰地认识自身具有的独特智能并开发它、利用它，总能实现自己的成功。

第三节　有目标，不一样

导读

　　人生若没有目标，就如同轮船在大海中失去了航向，随波逐流，不知所向。高中生的学习和生活尤其如此，虽然看似大家都有一个最终的学习目标——考上一所好大学，但在漫长的学习和生活过程中，因为要同时兼顾多学科的学业压力、情感困惑、人际关系，许多孩子的精力慢慢被分散，迈向大学的方向也渐渐出现偏离。因此，高中三年，如果没有一个恒定且适合的发展目标，很多孩子将难以完成学业任务，甚至出现各种困惑或问题导致厌学、退学。那什么目标才算是适合的目标？父母应该如何帮助孩子达成他的目标？

故事放送

　　我曾经接触过一个关于孩子突然转变观念选择参加艺考的家长求助案例，虽然已经过去三年多了，但每当谈到学生发展的目标或理想时，我就会不自觉地想起这个案例来，因为这个案例让我看到了目标，尤其是一个清晰的目标在孩子的学习与成长中到底能发挥怎样的神奇力量。

案例中的孩子是一位即将升入高三的女生，就读于省城某重点中学文科班。据家长说，孩子一直很懂事，学习成绩也非常不错，历次成绩稳居年级前十名，如果正常发展的话，高三毕业考个一本学校不成问题，这也正是家长期待的理想结果。可是在高二期末结束的假期里，女孩突然跟父亲说，她不想继续在学校上学了，她想利用暑假的机会参加播音主持的培训然后参加艺考。一个从没有艺术专业训练和基础的学生突然要放弃可能的考入一本大学的机会去参加艺考，这对于一点也没有思想准备的家长来说无疑是一个晴天霹雳。为什么要放弃成功可能性更大的普通高考？为什么要选择播音主持专业？父母百思不得其解。

后来经过深入沟通，父亲才了解到女儿为何突然有了这样的想法。原来，女儿在初中的时候就有一个梦想，渴望日后能成为一名主持人。进入高中后，沉重的学业压力也没有磨掉她的理想，她清楚要想实现这样的理想必须要参加相关的专业培训走艺考的道路，而这样突兀的想法或选择肯定会遭到家庭的反对，所以她一直将这个理想藏在心里秘而不宣。直到即将进入高三，如果再不做出选择，一旦高三开始，她将再也没有机会实现自己的艺考梦。犹豫再三，她才向父亲提出了自己要艺考的想法。听了女儿的阐述后，父亲虽然感到震惊但还是打算尊重孩子的选择，并带着女儿找到我们寻求咨询和帮助。

父亲在我们的建议下先让孩子利用暑假时间找到一家电视台进行了实践体验和目标澄清，真实体验一下她心目中的主持人的工作是不是她真正理想的目标，如果实践后还是喜欢和坚持，那就尊重孩子的选择，否则，重新进行规划。经过近一个月的真实体验和实践后，孩子回来兴奋地告诉父亲说，那就是她想从事的职业，那就是她想发展的目标。

后来，父亲到学校办理了请假手续，带着女儿去北京一家专业培训机构进行专业训练和学科学习。或许是终于找到了自己喜欢的方向和目标，女孩在北京的专业学习中爆发出了超常的力量和潜能，并凭借自己良好的文化课基础，最终成功考取了全国顶级学校中国传媒大学的播音主持专业。

目标对人生具有巨大的导向性作用

关于目标与人的发展，哈佛大学有一个非常著名的跟踪调查与研究。

1970年，美国哈佛大学对当年毕业的学生进行了一次关于人生目标的调查：27%的人没有目标，60%的人目标模糊，10%的人有清晰但比较短期的目标，3%的人有清晰而长远的目标。

1995年，哈佛大学对这批学生进行了跟踪调查，结果是这样的：3%的人，25年间他们朝着一个既定的方向不懈努力，现在几乎都成为社会各界的成功人士，其中不乏行业领袖、社会精英；10%的人，他们的短期目标不断实现，成为各个行业、各个领域中的专业人士，大都生活在社会的中上层；60%的人，他们安稳地生活与工作，但都没什么特别突出的成绩，几乎都生活在社会的中下层；剩下27%的人，他们的生活没有目标，过得很不如意，并且常常抱怨他人、抱怨社会、抱怨这个"不肯给他们机会"的世界。

学习目标不等于人生目标

许多学生不是没有目标，而是把学习、成绩目标误认为了人生目标。对于以学习为主要任务的青少年学生而言，关注成绩、追逐名次这似乎无可厚非，但如果学生或家长过于强化这个目标甚至仅仅以此来评价所谓的成功或失败，则会给学生的成长带来很多弊端。

首先，仅把成绩当作动力和目标的学生容易背负更大的压力，引发情绪波动和高焦虑。

如果一个学生非常在意自己的学习成绩，并经常预设或期望自己每次考试成绩要保持在第几名，表面来看，这样的孩子非常值得肯定和褒奖，因为他很有上进心，满足了老师、家长等多方面的价值期待，而且因为有这样"明确"的学习目标，学生自身也会更加自律和努力，如果达到了目标，学生就会有激励感，自我肯定，但如果没有达到目标，尤其是已经十分努力却始终达不到目标,学生就会产生严重的挫败感,丧失信心,产生厌学情绪。此外,成绩或名次往往是横向比较而来的,具有很大的波动性和不可预测性,我们无法控制别人的天赋或努力程度,所以单纯地用成绩、名次来衡量自己的能力或成就很容易引发负面情绪,造成心理焦虑。

其次,只关注学习目标,会忽略自身的其他优势和综合素养的发展。

如果学生只把成绩当作自己发展的目标,那么他一旦在学习方面遇到挫折,就容易否定自己的全部,看不到其他发展的可能。例如,有的学生虽然学习成绩不怎么突出,但是具有很强的人际沟通能力,善于组织活动、协调并帮助同学解决各种矛盾,这样的学生即使在学业上很难考入所谓的一流大学,但如果他能够充分发挥自己在人际、组织等方面的独特能力,从而选择管理学、人力资源、市场等方面的专业,就很有可能发展为优秀的管理者、营销专家、人力资源高管。

解决方案一:如何衡量一个目标是有效的好目标

孩子明确了自己想走什么样的路、想成为什么样的人后,就会产生不断前进的动力、主动发展的意愿,这其实就是人生目标的内在驱动力量。这种力量会激发孩子的主动性,他会不畏挫折,并能正确评估自己的优劣势,从而持续不断地向目标迈进。那如何帮助孩子确立适合的人生发展目标呢?怎样的目标才是有效可行的呢?我们可以参考以下几个维度:

有效目标的 SMART 法则

Specific——明确的,有方向性的,清晰的,具体的

Measurable——可以量化的,有数据衡量的

Achievable——可以到达的,通过努力能实现的

Result-oriented——注重结果的,实现目标后有具体的结果

Time-limited——有时间期限的,以时间为基础,计划目标的完成程序必须与时间有关

解决方案二：用"倒推法"一步步来达成目标

我们看看著名演员周迅是如何一步步实现自己十年之后的梦想的。以下为周迅的回忆。

十八岁之前，我是个不知道自己想要什么的人，那时我每天就在浙江艺术学校里跟着同学唱唱歌，跳跳舞。偶尔有导演来找我拍戏，我就会很兴奋地去拍，无论多小的角色。如果没有老师跟我的那次谈话，那么也许直到今天，仍然没有人知道周迅是谁。

那是1993年5月的一天，教我专业课的赵老师突然找我谈话："周迅，你能告诉我，你对于未来的打算吗？"我愣住了。我不明白老师怎么突然问我如此严肃的问题，更不知道该怎么回答。老师问我："现在的生活你满意吗？"我摇摇头。老师笑了："不满意的话证明你还有救。你现在就想想，十年以后你会是什么样？"

老师的话音很轻，但是落在我心里却变得很沉重。我脑海里顿时开始风起云涌。沉默许久，我看着老师的眼睛，很坚定地说："我希望十年后的自己成为最好的女演员，同时可以发行一张属于自己的音乐专辑。"

老师问我："你确定了吗？"

我慢慢地咬紧着嘴唇回答："Yes。"而且拉了很长的音。

老师接着说："好，既然你确定了，我们就把这个目标倒着算回来。十年以后，你28岁，那时你是一个红透半边天的大明星，同时出了一张专辑。

"那么你27岁的时候，除了接拍各种名导演的戏以外，一定还要有一个完整的音乐作品，可以拿给很多很多的唱片公司听，对不对？

"25岁的时候，在演艺事业上你就要不断进行学习和思考。另外在音乐方面一定要有很棒的作品开始录音了。

"23岁就必须接受各种培训和训练，包括音乐上和肢体上的。

"20岁的时候就要开始作曲，作词。在演戏方面就要接拍大一点的角色了。"

老师的话说得很轻松，但是我却感到一阵恐惧。这样推下来，我应该马上着手为自己的理想做准备了，可是我现在却什么都不会，什么都没想过，仍然为小丫鬟、小舞女之类的角色沾沾自喜。我觉得有一种强大的压力忽然朝自己袭来。

老师平静地笑着说:"周迅,你是一棵好苗子,但是你对人生缺少规划,散漫而且混乱。我希望你能在空闲的时候,想想十年以后的自己,到底要过什么样的生活,到底要实现什么样的目标。如果你确定了目标,那么希望你从现在就开始做。"

老师的话从那天开始一直刻在了我的心底:想想十年后的自己。是的,当我意识到这是一个问题的时候,我发现我整个人都觉醒了。一年以后,我从艺校毕业了。

从学校毕业后,我忙于接拍各种各样的影视剧。我始终记得,十年后我要做最成功的明星,所以对角色我开始很认真地筛选。后来我拍了《那时花开》,拍了《大明宫词》,我渐渐被大家接受,也慢慢地尝到了成功的快乐。

2003年恰好是老师和我谈话后的第十年,我不知道这是偶然还是必然,那年的4月,我居然真的拥有了属于自己的第一张专辑——《夏天》。

其实你也和我一样。如果你能及时地问自己一句:"十年后我会怎么样?"你会发现,你的人生会在不知不觉中发生变化。时刻想着十年后的自己,你会朝着自己的梦想越走越近。

由此可见,当我们确立了要实现的大的、长远的目标时,还需要对其进行分解,明确规划好每一步要达成的小任务、完成的时间节点,"九步达成目标法"用倒推法的方式可以很好地帮助我们明确过程、分解目标、递进完成。

九步达成目标法

1. 列出实现目标的理由。

2. 设下时限。

3. 列出实现目标所需的条件。

4. 自问"假如要实现目标的话,我自己必须变成什么样的人"并在纸上列出来。

5. 列出目前阻碍实现目标的所有因素,从难到易排列其困难度,自问"现在马上用什么办法来解决这些问题",并逐项写下。

6. 承诺直到实现目标为止,决不放弃。

7. 设下时间表,从实现目标的最终期限倒推至现在。

8. 马上采取行动,从现在开始。

9. 衡量每天的进度,每天检查成果,并做出相应调整。

新生活从选定方向开始

非洲撒哈拉大沙漠中有一个叫比塞尔的村庄,它地处一块绿洲旁,被誉为沙漠中的一颗明珠,如今每年都有数以万计的游客来到这里观光游览。可当初若不是肯·莱文从这里走了出去,并把它介绍给世人,恐怕这里至今还不为人所知。因为在此之前,这里的人没有一个走出过大漠。据说不是他们不愿离开这块贫瘠的土地,而是尝试过很多次都没有走出去。

英国皇家学院院士肯·莱文来到这里的时候,听到别人这么说,当然不相信,因为自己既然走得进来,就一定可以走出去。他用手语向这里的人询问原因,结果每个人的回答都一样:从村庄出发,无论向哪个方向走,最后肯定还会回到原地。

为了证实这种说法,肯·莱文做了一次试验,他从比塞尔村向北走,结果3天就走了出去。那么,比塞尔人为什么祖祖辈辈都走不出来呢?肯·莱文非常纳闷,于是雇了一个比塞尔人,让他带路,他们带了足够半个月吃喝的水和干粮,牵了两峰骆驼,出发了。

10天过去了,他们走了大约800英里的路程。在第11天的早晨,他们果然又回到了比塞尔村。这一次肯·莱文终于明白了:比塞尔人之所以走不出大漠,是因为他们根本不认识北极星。

在一望无际的沙漠里,一个人如果只凭着感觉往前走,只能走出许多大小不一的圆圈,最后的足迹十有八九是一个跑道的形状。由于比塞尔位于浩瀚的沙漠中间,方圆上千公里没有一点参照物,如果不认识北极星又没有指南针,想走出沙漠,确实是不可能的。

肯·莱文在离开比塞尔时告诉阿古特尔——就是他雇用的为他带路的那

个比塞尔人：只要你白天休息，夜晚朝着北面那颗最亮的星星走，就能走出沙漠。阿古特尔照着去做，3天之后果然来到了大漠的边缘。阿古特尔因此成为比塞尔的开拓者，他的铜像被竖在村子的中央，铜像的底座上刻着一行字："新生活是从选定方向开始的。"

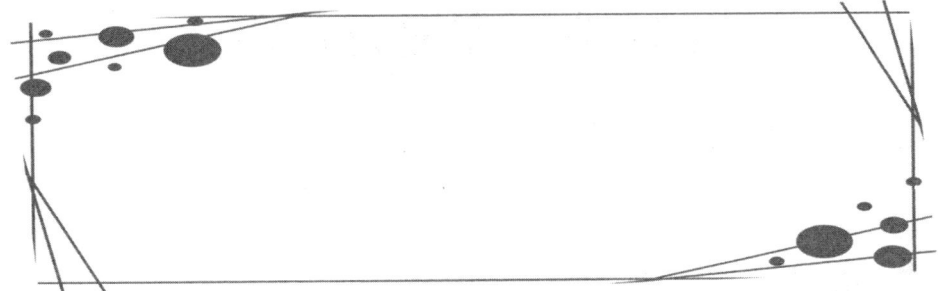

第四节　专业万花筒

导读

从2020年起,山东夏季高考志愿填报和投档录取模式将由目前的"学校+专业"改为"专业(类)+学校"的新模式,高一结束时就要根据高校专业对等级科目的要求等,选出3科等级考试科目继续学习。录取和考试模式的变革,要求学生必须转变思维模式,变分数、学校优先为专业优先,对大学各类专业要有预先的了解并能做出恰当的选择。那么,大学专业有哪些设置?冷热门专业如何把握?怎样挑选适合自己的专业?

刘凯从小就喜欢饲养各种小动物,观察它们的生活习性和行为特征。这个爱好也带动了他对生物课程的学习,一直到高中,他的生物成绩都名列前茅。虽然没有清晰的规划,但他感觉,如果能像纪录频道里面的野生动植物专家那样,在世界各地拍摄、研究各种野生动物将会是一件非常快乐的事情。

高考成绩出来后,刘凯非常兴奋,因为他取得了超出一本线40多分的好成绩,这意味着他可以挑选一所自己喜欢的大学或专业了。出于对生物的偏爱,在挑选大学及专业的时候他不自觉地对生物相关专业格外关注,并最终选择了某大学的"生物医学工程"专业,他感觉这是一个比较前沿的复合类生物学科专业,正符合自己的爱好和未来的职业设想。

可是进入自己"心仪"的大学学院后,他慢慢地感觉自己之前的判断似乎出了问题。自己所在的专业竟然设置在电子信息工程学院之下,主要学习的内容为模拟电子技术、数字电子技术、基础生物学、信号与系统、数字图像处理、自动控制原理、医学成像原理等课程,这和他之前设想的学习内容大相径庭,而且未来就业的方向也主要是医疗电子设备研发、大型医疗设备的操作、维修及管理。

刘凯陷入了迷茫之中……

高校学科及专业

许多人存在和刘凯一样的问题,面对林林总总的高校专业,许多同学懵懵懂懂、望文生义,只凭自己对专业名称的感觉和主观臆测就填报,更有甚者对专业没有要求,只求能进入大学即可,一旦真正进入专业学习之后才发现,自己对开设的内容毫无兴趣,导致四年时间浑浑噩噩,浪费了最宝贵的专业精进时期。

"大学只能陪伴你四年,专业可能会伴随你一辈子",因此,了解专业,探索并找到适合自己的专业是每一个高中学生必须提前做的功课。

专业是高校根据社会分工需要而划分的学业门类。我国目前正在实施的高校本科专业设置目录是 2012 年修订并于 2013 年开始正式实行的新《普通高等学校本科专业目录(2012 年)》,仍然按照学科门类、专业类和专业三个层次进行划分,学科门类由原来的 11 个增加到 12 个,新增加艺术学门类;专业类由原来的 73 个增加到 92 个;专业由原来的 635 种调减到 506 种。

新《专业目录》在保留一批学科基础比较成熟、社会需求相对稳定、布点数量相对较多、继承性较好的专业的基础上，主要调整了一批内涵不够清晰、名称不够规范、区分度较小的专业。例如，将"生物工程""生物系统工程"和"轻工生物技术"专业合并为"生物工程"，同时撤销了"林木生产教育"等 12 个无布点专业。

新《专业目录》还根据行业和学科发展，对部分学科门类、专业类进行了拆分、更名，例如学科门类中的经济学拆分为经济学类、财政学类、金融学类和经济与贸易类；专业类中的图书档案学类更名为图书情报与档案管理类。

此外，新《专业目录》增设了一批国家战略新兴产业发展和改善民生急需以及应用性强、行业针对性强的新专业。例如，根据当前铁路和城市轨道交通建设及安全运营需要，新增了"轨道交通信号与控制"专业。

大学学科门类

大学学科 ┫
- 人文科学：哲学、文学、历史学、艺术学
- 社会科学：经济学、法学、教育学、管理学
- 理论科学：理学
- 工程科学：工学、农学、医学

在学科门类下设若干个一级学科（专业类），一级学科下又设若干个二级学科（专业）。以经济学为例：

经济学 ┫
- 经济学类：经济学、经济统计学
- 财政学类：财政学、税收学
- 金融学类：金融学、金融工程、保险学、投资学
- 经济与贸易类：国际经济与贸易、贸易经济

"冷""热"专业辩证看

有的学生和家长在选报学科或专业时喜欢扎堆所谓的"热门"专业，如前几年流行的计算机、国际贸易、经济学等，但往往忽略了是否与孩子的兴趣或能力相符，更为重要的是冷热专业都是相对的，会伴随着国家经济、政治发展以及人才供求关系的变化而不断交替变化。

"冷"与"热"不是一成不变的，现在热门的专业不一定永远热门。2016年~2018年，英语、法学、计算机科学与技术、会计学、国际经济与贸易5个专业，连续三年都在本科失业人数最多的前10个专业之中。这些曾经的"热门"专业成了名副其实的高饱和、难就业专业，从本质上看，这是我国市场经济发展规律和新兴互联网高速发展使然，一些传统的专业、岗位不断被新行业、新技术所代替，导致人才饱和、岗位过剩。

解决方案一：专业的选择一定要从孩子的兴趣、性格、能力等角度综合考量，适合的才是最好的

专业往往决定着今后所从事的职业，专业选择是职业定位及人生发展的第一步，它不仅关系到在大学学什么，更关系到今后干什么。

每个人的性格特征、内在潜能、兴趣偏好都有差异，比如一个动手操作能力强的学生，可能会更喜欢电子、材料、工程技术等专业，而不喜欢从事单调枯燥的数字统计、语言文字等职业；性格外向、能言善辩、喜欢活动的孩子更适合从事律师、市场运营、管理等职业，而不适合文秘、会计等职业。因此，在选择专业之前，家长最好能同孩子一起探索，或通过专业的测试明确孩子的真正兴趣、性格，并以此匹配适合的专业。

美国著名职业指导专家霍兰德认为，人的人格类型、兴趣与职业密切相关，兴趣是人们活动的巨大动力，促使人们积极、愉快地从事该职业。霍兰德把职业环境、职业兴趣与个体差异有机结合起来，认为人的兴趣可以分为实践型、研究型、艺术型、社会型、管理型和常规型六种类型，而工作环境也可相应分为六大种类，当个体所从事的职业和他的职业兴趣类型匹配时，个体的潜在能力可以得到最彻底的发挥。

解决方案二：相同的专业，不同院校之间水平差异较大，要学会辨别，多中选优

每个专业都有自己的权威院校，如土建类传统八大强校是清华大学、同济大学、东南大学、天津大学、西安建筑科技大学、重庆大学、华南理工大学、哈尔滨工业大学，经济学类实力派院校是中国人民大学、北京大学、南开大学、复旦大学、清华大学、对外经贸大学、中央财经大学、上海财经大学、厦门大学等。然而，并非所有专业的权威院校都是重点院校，一些普通院校中的重点专业在全国也处于领先地位，如北京印刷学院的印刷学专业、北京建筑大学的建筑学专业、大连外国语学院的日语专业等都是资格老、教学水平比较高的专业。所以，在分数不是很理想的情况下，根据专业发展及培养方向不同，报考一些普通院校的重点专业也是明智的选择。

随着高校向综合性方向发展，很多院校陆续开设"计算机类专业"，但彼此间的教学资源、教学设备、教学水平却差别较大。相比而言，历史悠久、师资雄厚的综合性理工类院校的计算机专业教学水平更突出一些，文科类院校要弱一点。

"法学"专业普遍开设，但每所院校专业研究方向、课程设置各不相同。例如，中国人民大学的法学专业培养的是既能从事立法工作，又能从事法学教育和研究工作的高级法律专门人才；中国政法大学的法学是特色，有法学院、民商经济法学院、国际法学院、刑事司法学院四大法学院，毕业生在公检法系统或律师事务所工作的较多；大连海事大学也是法学专业名校，其法学专业包括海商法和国际经济法两个方向。

专业和职业之间的关系

如果说，职业理想和就业目标是目的地，那么专业选择就是路线。不同的职业需要不同的知识、技能条件，而不同的知识和技能则是专业的主要内容。

从经济和效率的角度来看，我们所选择的专业当然应该是职业目标所需要的知识和技能。然而从专业与职业的相关性来讲，它们并不都是一一对应的关系，而呈现出一对一、一对多、多对一等非常复杂的相关关系。

比如数控机床专业所对应的职业最适合的只有企业中数控机床的操作与维护；烹饪专业对应

的职业最合适的只有厨师。同时，又有些专业的职业方向比较宽泛，比如经济学专业毕业的学生可以从事企业管理、经济学研究、新闻记者、营销策划、经济分析、高校教师等多种职业，而对于某一职业比如新闻记者，它可以接收经济学、新闻学、中文、哲学、历史等许多专业。那么专业与职业的相关性，到底是一对一、一对多，还是多对一？

1. 一对一

这种情况最为简单，一个专业方向对应一个职业目标，这类专业一般存在于中职类学校或高职学院，培养目标单一明确。此类职业的技术含量比较高，也比较单一。它属于学业规划中比较主动的一种态势，可以让我们先定目标，后选路线，在各种路线中选择求学成本最低的一条，这类专业和职业一般适合于专业技术人员。

2. 一对多

这类专业一般存在于普通高校中，人们常说的"宽口径，厚基础"就是指这类专业。它们所对应的职业目标有多个,从职业的人格特征来看,许多都对应了两种以上甚至六种人格类型的职业。比如经济学专业,从职业人格来看,它可以对应研究型人格职业,比如经济学研究;可以对应管理型人格职业,比如企业管理者或新闻记者;也可以对应艺术型人格职业,比如营销策划;还可以对应实践型人格职业,比如企业信息管理等等。因此,我们在确定了专业方向后,还要确定适合自己发展的职业目标,这里要注意的是,确定职业目标时一定要和自己的职业人格一致,比如你属于管理型的人格,就要选定管理型人格的职业,并根据具体职业目标的标准要求来针对性地学习和开发其他必要的知识和技能。如果你学习的是经济学专业,毕业后想从事新闻记者这一职业,那么你在学经济学知识的同时,还要根据新闻记者所需要的其他知识和技能有针对性地学习,比如培养自己的写作能力、社交能力、新闻敏感度、驾驶技术等等。

此种类型适合于在学业规划时先确定专业后确定职业目标的情形。应该说,先定专业再定职业目标已经是一种比较被动的人生发展态势。然而由于这一类型的存在,它可以让学生比较顺利地由被动转化为主动。

3. 多对一

即多种专业都可以发展到某一种职业的情形。这类职业一般属于管理型人格的职业。比如新闻记者、政府公务员、营销主管及企业管理者等。这种类型也适合于先确定职业目标后,再确定专业方向的情形。它其实和第一种比较类似,在学业规划时处于比较主动的态势,能够比较好地找到一条求学成本最低的学业路线。

第五节　鼓励孩子体验职业

导读

俗话说："三百六十行，行行出状元。"孩子在童年的时候，也曾说过这样的话，"我长大了想成为科学家""我长大了想当医生"。那么，孩童时的梦想和现实中的职业究竟有多大的联系和区别，梦想能否变成现实？应该怎样帮助孩子正确理解理想中的职业？

暮山从小喜欢画画，也曾跟随老师学过几年绘画，考过等级。后来上了初中，由于学科变多，学业压力增大，妈妈就不让他继续学画了。但是，暮山不想丢掉自己的爱好，还会在闲暇时间画上几笔。

现在，暮山上高三了，即将面临高考。暮山妈妈问起暮山将来想要报考什么专业，暮山说想选择和绘画有关的专业。妈妈一听这个回答立马不乐意了，说："画画有什么好的，我供你念书难不成就是为了让你当个穷画家？这个毕了业能干什么,最好也就是当个美术老师,能力不够还不一定有学生找你,不然说得好听是个画家,其实连自己都养不活,我不同意你学这个,一是没前途,二是你太理想化了,爱好变成工作就不是你想的那样了。不如去学个好专业考个公务员,这才是铁饭碗。"

暮山见妈妈如此不理解自己有点伤心,但是一时又不知道该怎样反驳妈妈,对于将来的职业选择他还真没考虑过,只是一心想从事绘画有关的工作,但到底有什么工作和绘画相关他确实不知道,自己将来有没有能力胜任这份工作他心里也没有底,把爱好变成职业是不是正确的选择,他现在也无法确定。

这种情况该怎么办呢?

体验职业的重要性

每个人都要扮演一定的社会角色。高中生毕业后面临继续学习还是就业的选择,即使升入高校,最终也要步入社会选择从事某种职业。

职业与人生发展有关。人们常说,"你这个工作好,一定很有前途",拥有一份适合自己的职业,会有更多的职业满意度、社会地位、社会资源、晋升空间,最终自我价值也会得到实现。

职业与生活质量有关。完成一定的工作任务会取得相应的工作报酬。而我们的日常生活需要金钱的支撑。不同的职业薪水不同，所以需要通过了解职业与自我需求的关系，来选择从事什么职业。

职业生涯发展阶段的需求

高中阶段处于职业生涯发展探索阶段中的试探期。该阶段青少年的主要任务是，通过学校活动、社会活动等机会，对自我的能力、角色和职业进行探索，在幻想、讨论、尝试中使职业偏好逐渐具体化、特定化，并实现职业偏好，为下一阶段正式进入职业领域奠定基础。

解决方案一：了解职业的内涵及分类

所谓职业，是我们利用自己所学的知识和技能，从事一种可以为社会创造经济价值、精神价值，并从社会中获取物质及精神补偿的活动。透过职业，每个人可以发挥潜能，履行社会角色，实现生活理想，享受工作的乐趣，甚至实现自我。

职业生活是我们生活中的重要组成部分，也是我们实现人生理想的重要手段。依据《中华人民共和国职业分类大典》，我国职业分为8个大类，66个中类，413个小类，1838个细类（职业）。8个大类分别是：

第一大类：国家机关、党群组织、企业、事业单位负责人，其中包括5个中类，16个小类，25个细类；

第二大类：专业技术人员，其中包括14个中类，115个小类，379个细类；

第三大类：办事人员和有关人员，其中包括4个中类，12个小类，45个细类；

第四大类：商业、服务业人员，其中包括8个中类，43个小类，147个细类；

第五大类：农、林、牧、渔、水利业生产人员，其中包括6个中类，30个小类，121个细类；

第六大类：生产、运输设备操作人员及有关人员，其中包括27个中类，195个小类，1119个细类；

第七大类：军人，其中包括1个中类，1个小类，1个细类；

第八大类：不便分类的其他从业人员，其中包括1个种类，1个小类，1个细类。

在以上8大类中，第一大类和第二大类主要是脑力工作者，第三大类包括部分脑力工作者和部分体力工作者，第四大类至第七大类主要是体力工作者，第八大类是不便分类的其他工作者。此种分类简明扼要，具有实用性。

家长可以依据孩子的兴趣、能力、价值观等，帮助孩子选择他喜欢和适合的专业大类，再通过书籍文献、网络媒体、亲戚朋友的经验等综合选择出其想要体验的具体职业。家长可以让孩子思考这样几个问题：

1. 在学校哪个学科成绩最好，学起来感觉最容易？
2. 在学校期间担任过什么职务，哪些能力得到老师和同学的认可？
3. 在学校期间参加过哪些社团活动，哪方面的才能得到了锻炼？
4. 自己的特长是什么？
5. 自己理想的职业是什么，发展前景如何？
6. 自己喜欢团队合作还是独立工作？

解决方案二：职业能力的培养

尽管职业种类很多，每种职业要求的职业能力大不相同，但是有一些共通的能力是每一个职业都需要的。家长可以以此为参考培养孩子的相关能力，为以后其步入职场做好准备。

职业能力分为一般职业能力、专业能力和综合能力。

一般职业能力

一般职业能力主要是指一般的学习能力、文字和语言运用能力、数学运用能力、空间判断能力、形体知觉能力、颜色分辨能力、手的灵巧度、手眼协调能力等。这几种能力家长可以让孩子做职业能力评价量表来测定，然后对薄弱的能力着重加以训练。

专业能力

专业能力主要是指从事某一职业专业方面的能力。比如，文员岗位最需要文字处理能力。

综合能力

1. 跨职业的专业能力

一是运用数学和测量方法的能力，二是计算机应用能力，三是运用外语解决技术问题和进行交流的能力。

2. 方法能力

一是收集、分析与业务有关信息的能力，二是制定工作计划、独立决策和实施的能力，三是准确的自我评价能力和接受他人评价的承受力，并能够从成败经历中有效地吸取经验教训。

3. 社会能力

社会能力主要是指一个人的团队协作能力、人际交往和沟通能力。

4. 个人能力

爱岗敬业、诚实守信、工作认真、注重细节等职业人格。

解决方案三：职业体验

想要获得职业的真实信息，只是查阅资料、访问相关人员是远远不够的，还需要孩子自己去实实在在地进行职业体验。通过亲身体验，孩子会明白为什么需要在学校进行学习、为什么人需要终身学习，也可以了解与生存方式、人生发展道路有关的内容，还会切身感受到社会职业和职业生活。这些经验是在学校学不到的。

职业体验分为两种：一种是现场参观，一种是操作实践。职业体验可以由学校集体组织，可以通过家长的资源联系，也可以让孩子发挥自己的能力去找体验单位。无论怎样去体验，都要提前做好准备。孩子需要明确单位名称、单位性质（政府机关、国企、外企、民企和其他）、主要业务、职业种类、体验的形式和内容、时间、位置及交通路线、负责人联系方式等，体验结束后写出体验报告书。孩子去体验之前一定要告知家长。

职业体验结束后，家长可针对此次体验和孩子进行沟通，了解孩子体验后的想法。也许孩子对这个职业非常感兴趣，也许孩子会觉得对职业的想象和现实有一定出入。如果对职业不满意，那么这个职业可能不是孩子真正感兴趣的，或者孩子对这一职业的了解不够深入，造成了偏差。这时，要么选择换一种职业进行体验，要么可以进一步了解此职业，继续挖掘相关的信息，关注其背后蕴藏的价值。

职业体验报告书			
年级：	班级：	姓名：	
体验时间		体验地点	
职业名称		所属职业大类	
有无职业导师		职业导师姓名	
一天的工作安排			
感想	以前期待的内容		
	印象深刻的场面		
	好的方面		
	遗憾的方面		

新兴职业

由于经济迅猛发展，科技日新月异，新职业如雨后春笋，层出不穷；相应的，一些职业也因为时代的更替而消亡。伴随人工智能的发展，脑力工作者的职业将会越来越多。这使得复合型、通用型、技术型的专业更容易求职。

对于某些新兴的职业，需要辩证地去看待。社会进步的同时，也出现了一些新的社会问题，要注意防范新兴职业的风险。

人力资源和社会保障部于 2019 年 4 月 1 日确定了人工智能工程技术人员等 13 个新职业信息。

（一）人工智能工程技术人员

定义：从事与人工智能相关算法、深度学习等多种技术的分析、研究、开发，并对人工智能系统进行设计、优化、运维、管理和应用的工程技术人员。

主要工作任务：

1. 分析、研究人工智能算法、深度学习及神经网络等技术；

2. 研究、开发、应用人工智能指令、算法及技术；

3. 规划、设计、开发基于人工智能算法的芯片；

4. 研发、应用、优化语言识别、语义识别、图像识别、生物特征识别等人工智能技术；

5. 设计、集成、管理、部署人工智能软硬件系统；

6. 设计、开发人工智能系统解决方案；

7. 提供人工智能相关技术咨询和技术服务。

（二）物联网工程技术人员

定义：从事物联网架构、平台、芯片、传感器、智能标签等技术的研究和开发，以及物联网工程的设计、测试、维护、管理和服务的工程技术人员。

主要工作任务：

1. 研究、应用物联网技术、体系结构、协议和标准；

2. 研究、设计、开发物联网专用芯片及软硬件系统；

3. 规划、研究、设计物联网解决方案；

4. 规划、设计、集成、部署物联网系统并指导工程实施；

5. 安装、调测、维护并保障物联网系统的正常运行；

6. 监控、管理和保障物联网系统安全；

7. 提供物联网系统的技术咨询和技术支持。

（三）大数据工程技术人员

定义：从事大数据采集、清洗、分析、治理、挖掘等技术研究，并加以利用、管理、维护和服务的工程技术人员。

主要工作任务：

1. 研究和开发大数据采集、清洗、存储及管理、分析及挖掘、展现及应用等有关技术；

2. 研究、应用大数据平台体系架构、技术和标准；

3. 设计、开发、集成、测试大数据软硬件系统；

4. 大数据采集、清洗、建模与分析；

5. 管理、维护并保障大数据系统稳定运行；

6. 监控、管理和保障大数据安全；

7. 提供大数据的技术咨询和技术服务。

（四）云计算工程技术人员

定义：从事云计算技术研究，云系统构建、部署、运维，云资源管理、应用和服务的工程技术人员。

主要工作任务：

1. 开发虚拟化、云平台、云资源管理和分发等云计算技术，以及大规模数据管理、分布式数据存储等相关技术；

2. 研究、应用云计算技术、体系架构、协议和标准；

3. 规划、设计、开发、集成、部署云计算系统；

4. 管理、维护并保障云计算系统的稳定运行；

5. 监控、保障云计算系统安全；

6. 提供云计算系统的技术咨询和技术服务。

（五）数字化管理师

定义：使用数字化智能移动办公平台，进行企业或组织的人员架构搭建、运营流程维护、工作流协同、大数据决策分析、上下游在线化连接，实现企业经营管理在线化、数字化的人员。

主要工作任务：

1. 制定数字化办公软件推进计划和实施方案，搭建企业及组织的人员架构，进行扁平透明可视化管理；

2. 进行数字化办公模块的搭建和运转流程的维护，实现高效安全沟通；

3. 制定企业及组织工作流协同机制，进行知识经验的沉淀和共享；

4. 进行业务流程和业务行为的在线化，实现企业的大数据决策分析；

5. 打通企业和组织的上下游信息通道，实现组织在线、沟通在线、协同在线、业务在线，降低成本，提升生产、销售效率。

（六）建筑信息模型技术员

定义：利用计算机软件进行工程实践过程中的模拟建造，以改进其全过程中工程工序的技术人员。

主要工作任务：

1. 负责项目中建筑、结构、暖通、给排水、电气专业等建筑信息模型的搭建、复核、维护管理工作；

2. 协同其他专业建模，并做碰撞检查；

3. 通过室内外渲染、虚拟漫游、建筑动画、虚拟施工周期等，进行建筑信息模型可视化设计；

4. 施工管理及后期运维。

（七）电子竞技运营师

定义：在电竞产业从事组织活动及内容运营的人员。

主要工作任务：

1. 进行电竞活动的整体策划和概念规划，设计并制定活动方案；

2. 维护线上、线下媒体渠道关系，对电竞活动的主题、品牌进行宣传、推广、协调及监督；

3. 分析评估电竞活动商业价值，确定活动赞助权益，并拓展与赞助商、承办商的合作；

4. 协调电竞活动的各项资源，组织电竞活动；

5. 制作和发布电竞活动的音视频内容，并评估发布效果；

6. 对电竞活动进行总结报告，对相关档案进行管理。

（八）电子竞技员

定义：从事不同类型电子竞技项目比赛、陪练、体验及活动表演的人员。

主要工作任务：

1. 参加电子竞技项目比赛；

2. 进行专业化的电子竞技项目训练活动；

3. 收集和研究电竞战队动态、电竞游戏内容，提供专业的电竞数据分析；

4. 参与电竞游戏的设计和策划，体验电竞游戏并提出建议；

5. 参与电竞活动的表演。

（九）无人机驾驶员

定义：通过远程控制设备，操控无人机完成既定飞行任务的人员。

主要工作任务：

1. 安装、调试无人机电机、动力设备、桨叶及相应任务设备等；

2. 根据任务规划航线；

3. 根据飞行环境和气象条件校对飞行参数；

4. 操控无人机完成既定飞行任务；

5. 整理并分析采集的数据；

6. 评价飞行结果和工作效果；

7. 检查、维护、整理无人机及任务设备。

（十）农业经理人

定义：在农民专业合作社等农业经济合作组织中，从事农业生产组织、设备作业、技术支持、产品加工与销售等管理服务的人员。

主要工作任务：

1. 搜集和分析农产品供求、客户需求数据等信息；

2. 编制生产、服务经营方案和作业计划；

3. 调度生产、服务人员，安排生产或服务项目；

4. 指导生产、服务人员执行作业标准；

5. 疏通营销渠道，维护客户关系；

6. 组织产品加工、运输、营销；

7. 评估生产、服务绩效，争取资金支持。

（十一）物联网安装调试员

定义：利用检测仪器和专用工具，安装、配置、调试物联网产品与设备的人员。

主要工作任务：

1. 检测物联网设备、感知模块、控制模块的质量；

2. 组装物联网设备及相关附件；

3. 连接物联网设备电路；

4. 建立物联网设备与设备、设备与网络的连接；

5. 调整设备安装距离，优化物联网网络布局；

6. 配置物联网网关和短距传输模块参数；

7. 预防和解决物联网产品和网络系统中的网络瘫痪、中断等事件，确保物联网产品及网络的正常运行。

（十二）工业机器人系统操作员

定义：使用示教器、操作面板等人机交互设备及相关机械工具，对工业机器人、工业机器人工作站或系统进行装配、编程、调试、工艺参数更改、工装夹具更换及其他辅助作业的人员。

主要工作任务：

1. 按照工艺指导文件等相关文件的要求完成作业准备；

2. 按照装配图、电气图、工艺文件等相关文件的要求，使用工具、仪器等进行工业机器人工作站或系统装配；

3. 使用示教器、计算机、组态软件等相关软硬件工具，对工业机器人、可编程逻辑控制器、人机交互界面、电机等设备和视觉、位置等传感器进行程序编制、单元功能调试和生产联调；

4. 使用示教器、操作面板等人机交互设备，进行生产过程的参数设定与修改、菜单功能的选择与配置、程序的选择与切换；

5. 进行工业机器人系统工装夹具等装置的检查、确认、更换与复位；

6. 观察工业机器人工作站或系统的状态变化并做相应操作，遇到异常情况执行急停操作等；

7. 填写设备装调、操作等记录。

（十三）工业机器人系统运维员

定义：使用工具、量具、检测仪器及设备，对工业机器人、工业机器人工作站或系统进行数据采集、状态监测、故障分析与诊断、维修及预防性维护与保养作业的人员。

主要工作任务：

1. 对工业机器人本体、末端执行器、周边装置等机械系统进行常规性检查、诊断；

2. 对工业机器人电控系统、驱动系统、电源及线路等电气系统进行常规性检查、诊断；

3. 根据维护保养手册，对工业机器人、工业机器人工作站或系统进行零位校准、防尘、更换电池、更换润滑油等维护保养；

4. 使用测量设备采集工业机器人、工业机器人工作站或系统运行参数、工作状态等数据，进行监测；

5. 对工业机器人工作站或系统的故障进行分析、诊断与维修；

6. 编制工业机器人系统运行维护、维修报告。

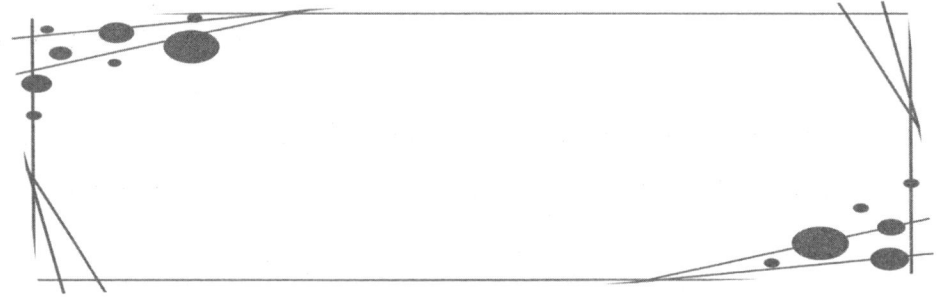

第六章 高考备考指南

面对高考招生新政策,"走班选课"备受瞩目,家长如何协助孩子科学选择?

三年磨一剑,高考来临之际,孩子备感压力,家长作为"后勤部长",如何帮助孩子合理安排饮食?

如何缓解孩子的考前焦虑情绪,理性陪考,哪些话该说,哪些话不该说?

第一节　谈谈选课走班

　　自2017年秋季高中入学开始，山东省正式实施高考新政，2020年夏季高考考试成绩由统一高考的语文、数学、外语和考生选考的3科普通高中学业水平等级考试成绩组成。纳入高考录取的等级考试科目，由考生根据自身特长和兴趣爱好，结合高校招生对等级考试科目组合的要求，从思想政治、历史、地理、物理、化学、生物6个等级考试科目中选择3个科目，这就是"3+3"高考模式。

　　新的招考模式必然带来学校课程的变革，传统的固定化行政班课程学习在"6选3"模式下很难满足学生的多种课程选择和需求，"选课走班"将成为高中新课程的一大特点。这是否意味着学生可以任意选择等级考的3种科目？走班之后，因为每个人的学科基础和学习能力有所不同，如何保障学生学习的有效性？

故事放送

魏春晓是上海某中学首批进行新高考的高二学生。当知道从他们这一年级开始实行"6选3"新政策的时候，他感到非常欣喜，因为取消了文理分科的限制，他终于可以绕开令他头疼万分的"生物"学科了。自认为是"理工男"的他，虽然数理化一直是强项，但唯有生物学科一直是他的"瘸腿科"。

高二选课开始后，魏春晓信心满满地选择了物理、化学、历史三科组合。走班学习一段时间后，他突然感觉自己引以为豪的物理学科遇到了问题，因为几次检测下来，他的成绩居然都排在班内倒数。随着讲课内容的不断加深，他感到学习越来越吃力，周边的同学似乎都比自己强。一个月之后，学校对物理实行了分层教学，从易到难分为A、B、C三层。虽然感到有点力不从心，但看到周围的同学大部分都选了C层后，魏春晓也选择了C层，可随着课程的加深，他发现自己的物理学习越来越困难，经常连老师布置的基本训练都完不成。

学期快要结束了，一直没有扭转局面的他想放弃物理学科，重新选择难度较小的其他学科，可是比较来比较去，他发现除去不擅长的生物学科外，其他学科如政治等都是需要大量记忆和背诵的学科，他不喜欢这种枯燥的模式。

离学校规定的重选学科截止日期越来越近了，是坚持还是放弃？魏春晓陷入了深深的纠结之中……

"6选3"是否意味着学生可以"随便选"

2018年，教育部下发了《普通高校本科招生专业选考科目要求指引（试行）》，对每个具体专业提出了"可选科目"和"选考要求"，为高校专业选科给出"官方指南"，并要求于2020年，在上海、浙江、北京、天津、山东、海南6个高考改革试点省市招生的所有本科院校，在规定时间内按照《指引》

要求编报选考科目要求。

1. 关于不同专业的"选考要求"

《指引》对每个具体专业都提出了"可选科目"和"选考要求"。其中，除人文、社科专业一般会将6个选考科目都列入"可选科目"外，不少理工科专业都只有1~3个"可选科目"，对应的"选考要求"可选范围也不尽相同，需要具体专业具体分析。高校则需要从中涂填、勾选。

《指引》提出了如下总体指导意见：

专业培养与某一选考科目关联度高的，应在《指引》"可选科目"中明确1个选考科目，考生必须选考该科目方可报考。

专业培养与多个选考科目关联度高的，应在《指引》"可选科目"中指定2个或3个选考科目，同时要明确选考要求为考生"均须选考"。

专业培养与多个选考科目有一定关联度的，应在《指引》"可选科目"中指定2个或3个选考科目，同时要明确选考要求为考生"选考其中1门即可"。

专业培养对学生学科基础要求相对较宽的，可以不提科目要求，考生选择任意3门选考科目组合均可报考。

示例：

汉语言文学专业：

①选择"政治"1科，考生必须选考"政治"方可报；学院须填报如下：

选考要求	可选科目 （在浙江可增选技术）
●1门科目，考生必须选考该科目方可报考 ○2~3门科目，考生均须选考方可报考 ○2~3门科目，考生选考其中1门即可报考 ○不提科目要求	■政治 □历史 □地理 □物理 □化学 □生物

②选择"政治""历史"2科并要求"考生均须选考方可报考"，考生选考科目中需有"政治""历史"2科方可报考；学院须填报如下：

选考要求	可选科目（在浙江可增选技术）
○1 门科目，考生必须选考该科目方可报考 ●2～3 门科目，考生均须选考方可报考 ○2～3 门科目，考生选考其中 1 门即可报考 ○不提科目要求	■政治 ■历史 □地理 □物理 □化学 □生物

③选择"政治""历史"2科并要求"考生选考其中1门即可报考"，考生选考科目中有"政治"或"历史"1科即可报考；学院须填报如下：

选考要求	可选科目（在浙江可增选技术）
○1 门科目，考生必须选考该科目方可报考 ○2～3 门科目，考生均须选考方可报考 ●2～3 门科目，考生选考其中 1 门即可报考 ○不提科目要求	■政治 ■历史 □地理 □物理 □化学 □生物

④选择"不提科目要求"，考生在"政治、历史、地理、物理、化学、生物、技术（仅浙江）"中选考任意3科均可报考；学院须填报如下：

选考要求	可选科目（在浙江可增选技术）
○1 门科目，考生必须选考该科目方可报考 ○2～3 门科目，考生均须选考方可报考 ○2～3 门科目，考生选考其中 1 门即可报考 ●不提科目要求	□政治 □历史 □地理 □物理 □化学 □生物

2. 关于"物理"学科必选的专业

在《指引》中，共有 19 个专业类必考物理，占总专业类数的 20.4%。必考物理的 19 个专业类分别来自理学（5 个）、工学（13 个）、管理学（1 个）。

学科门类	本科专业类	内设专业
理学	数学类	数学与应用数学，信息与计算科学，数理基础科学
	物理学类	物理学，应用物理学，核物理，声学
	天文学类	天文学
	大气科学类	大气科学，应用气象学
	地球物理学类	地球物理学，空间科学与技术
工学	力学类	理论与应用力学，工程力学
	机械类	机械工程，机械设计制造及其自动化，材料成型及控制工程，机械电子工程，工业设计，过程装备与控制工程，车辆工程，汽车服务工程，机械工艺技术，微机电系统工程，机电技术教育，汽车维修工程教育
	仪器类	测控技术与仪器
	电气类	电气工程及其自动化，智能电网信息工程，光源与照明，电气工程与智能控制，电机电器智能化，电缆工程
	电子信息类	电子信息工程，电子科学与技术，通信工程，微电子科学与工程，光电信息科学与工程，信息工程，广播电视工程，水声工程，电子封装技术，集成电路设计与集成系统，医学信息工程，电磁场与无线技术，电波传播与天线，电子信息科学与技术，电信工程及管理，应用电子技术教育
	自动化类	自动化，轨道交通信号与控制，机器人工程，邮政工程
	计算机类	计算机科学与技术，软件工程，网络工程，信息安全，物联网工程，数字媒体技术，智能科学与技术，空间信息与数字技术，电子与计算机工程，数据科学与大数据技术，网络空间安全，新媒体技术，电影制作
	土木类	土木工程，建筑环境与能源应用工程，给排水科学与工程，建筑电气与智能化，城市地下空间工程，道路桥梁与渡河工程，铁道工程
	海洋工程类	船舶与海洋工程，海洋工程与技术，海洋资源开发技术
	航空航天类	航空航天工程，飞行器设计与工程，飞行器制造工程，飞行器动工程，飞行器环境与生命保障工程，飞行器质量与可靠性，飞行器适航技术，飞行器控制与信息工程，无人驾驶航空器系统工程

(续表)

学科门类	本科专业类	内设专业
工学	兵器类	武器系统与工程，武器发射工程，探测制导与控制技术，弹药工程与爆炸技术，特种能源技术与工程，装甲车辆工程，信息对抗技术
	核工程类	核工程与核技术，辐射防护与核安全，工程物理，核化工与核燃料工程
	安全科学与工程类	安全工程
管理学	管理科学与工程类	管理科学，信息管理与信息系统，工程管理，房地产开发与管理，工程造价，保密管理，邮政管理

解决方案一：自主选课的几个原则

学校为学生提供分层分类的多样化课程，为学生提供了更多的选择机会。学生在选课时既要考虑到自己的学科基础、兴趣特长和学科潜能等多种因素，还要提前了解不同学校、不同专业提出的学科要求。

1. 自我评估、理性选课

科学选课要建立在对自己全面、科学的自我评估的基础上。理性选课的原则是学科能力和兴趣优先，兼顾学科潜力和自己对未来专业、职业的预期与规划，充分利用家庭、学校、社会资源等支持系统，综合考量，理性决定。

2. 避免人云亦云、从众心理

有的同学自己缺乏主见，跟着班内同学主流走，还有的为了能和好朋友一起走班，朋友选什么自己就跟着选什么，这样的行为只能带来时间的浪费和学业的失败。

3. 量力而行

同一学科，学校一般会根据学生的不同水平开发出低中高等不同层次的选修课程，选择哪种层次一定要基于自己的现有学科能力、水平，不能"爱面子"，一味追求高层次的课程，超出自己的实力必然导致学习上的吃力，时间久了，不但难以提高，还会因为成绩下滑而丧失继续学习的兴趣和信心。

解决方案二：选课有技巧——"课程选择平衡单"

选考学科有各种依据，如学习成绩高低、特长、兴趣、专业倾向或职业倾向等。但许多学生真正面临抉择的时候仍然会选择困难、犹豫不定。怎样帮助孩子做出决定呢？家长可以参考下面的"课程选择平衡单"帮助孩子充分考虑自身条件和客观条件，做出课程安排。

课程选择平衡单

考虑因素		加权	选考科目											
			物理		化学		生物		地理		历史		政治	
			得分	加权后	得分	加权后	得分	加权后	得分	加权后	得分	加权后	得分	加权后
个人	感兴趣													
	擅长、易掌握													
	成绩好、基础好													
	心理需要													
	理想需要													
学校	教师资源好													
	同学建议													
	学校优势学科													
	教师建议													
家庭	家人建议													
	家人资源													
	其他													
未来	专业偏好													
	选择高校													
	未来就业													
合计														

注：

1. 加权：考虑因素的加权由自己按重要程度定义，加权数在 1~5 之间，表示该因素的重要程度。

2. 得分：同一考虑因素对应的每一科目得分在 -5~5 之间。

3. 加权得分：加权后 = 加权 × 得分。例如兴趣爱好的加权数是 5，而这一考虑因素下物理得分为 5，化学得分为 -2，物理加权后是 25，化学加权后是 -10。

经过平衡后你决定选择的课程组合是：＿＿＿＿＿＿＿＿＿＿＿＿。

解决方案三：走班学习更要发挥自身的主动性和自我管理能力

走班学习后，学生将不再局限于原来的固定行政班，而是根据自己的选课表，到不同的班级里上课。表面上看，学生的自由性增强了，但同时，相对学科优势学生的集中和新的学习环境也会为学生的学习带来很大的挑战。

1. 增强环境适应的能力

选课走班后，因为课程选择不同，学生需要进入不同的班级进行学习，进而接触到不同的同学与老师，这就需要学生有良好的人际沟通能力，尽快与周围的新同学建立良好的协作关系，同时要能适应不同教师的教学风格，提高听课效率。

2. 降低期望、保持信心

从已经开展新高考的浙江、上海等地来看，学生在选择等级考科目的时候，首先考量的是自己在某科学习方面的优势情况，也就是说大部分学生会优先把自己学得相对好的科目作为等级考科目，还有一部分学生虽然某一科成绩不是太突出，但对此有兴趣，喜欢学，因而也会将其作为选修科目。这样选择的结果就是，全年级某学科学得较好的学生会扎堆组成一个选修课班级，彼此之间的竞争增强，学生的压力也会较大。因此，走班之后，学生不要怀有太高的期望，不要急于用好成绩、好名次来证明自己的选择，而要保持信心和耐心、稳扎稳打，跟好老师的节奏，不断提高自己的学科素养和能力水平。

3. 学会自主学习

走班学习不仅赋予学生自主选择的权利，更重要的是能培养学生自主学习和自我管理的能力。在课堂之前，要学会确定课堂学习目标，做好新知识的预习准备；课堂中，要保持注意力的集中，学会思考和记笔记，加强与老师之间的互动；课后一定要及时整理，及时复习，对知识难点和漏洞及时处理，避免累积。

走班制

什么是"走班制"

什么是"走班制"？简单地说，就是打破固定的班级编排，不再由固定的学生组成固定的班级，而是经常变换班级的人员构成。

"走班制"是对"非固定班级"的通俗说法，它的学名叫作"不分年级制"或"无年级制"，即"non-graded"，强调学生个人对课程的选择权利，改变学校对学生课程学习的统一安排。在这个意义上，"走班制"是对班级授课制的改造。当然，"走班制"并没有彻底颠覆班级授课制，而是一种温和的改进：它保留了"班"的形式，但不固定；学校的教学组织及安排不再以"班"为单位，而以"个人"为单位；班级是由个人通过选择自愿形成的，而非学校统一划分的。在这样的班级里，学习内容、学习进度依然保有经典班级授课制"统一""齐步走"的特征，但这种特征不是由外部规定的，而是由于每个学生都选择了同样的步调而自然实现的。

在"走班制"背景下,学生既可以选择修习哪个科目,也可以选择什么时间修习,还可以选择以不同的"步幅""步调"去修习不同的科目,甚至可以选择跟哪个老师去修习,等等。

"走班制"要怎么做

高中新课程方案实验初期,走班只是达成学生选课的一种辅助手段,并无多少制度建设的考量。许多校长认为,"走班制"需要课程多样、资源丰富、学校规模大。课程多样学生才有得选,有得选才需要走班;开设更多样的课程必然需要丰富的资源,至少需要更多的教师、更多的教室;学校规模大、平行班多,走班才能走起来,反之,规模小、人数少的学校,便无法走班,只能由学校统一规定学生修习的内容及进程。显然,这样的观点是极为表面的,并没有认识到选修及走班的真正意义。

就课程和资源而言,多样、丰富当然不是坏事。但是,课程并不是越多越好,资源也未必越丰富越好。在达到基本要求的基础上,课程质量远比多样更重要,资源适当及运用得恰当也远比静态的丰富更重要。

1. 保证每个学生都有可以选择的多样课程

对学校而言,课程多样才可供学生选择;对学生而言,适合的课程才是最重要的。显然,学生的学习时间是一定的,无论学校有多少课程,学生能够修习的门数大致是确定的。因此,对于学校而言,可供学生选择的多样课程不应只是数量,还应是由于类型、层级的细分而出现的多样。例如数学,所有的学生都应该学习,但不必所有的学生都学同样的数学,因而要在类型和层级上细分出更多样、更适合学生选择的课程。可以说,判断学校课程是否多样的标准,不是学校有多少课程,而要看是否每个学生都有机会在适合自己的课程面前进行选择。

2. 指导并帮助学生理性选择,潇洒走班

"走班制"背景下的课程安排,应像超市一般,将所有课程的主题、难度、课程大纲、开课时段、时间长度、开课空间、人数上下限、开课教师等都展示出来,由学生去确定要修习哪些、何时修习。因此,学校和教师在学生选课的过程中给予积极的引导和帮助就成为必要。在这个意义上,教师的引导和帮助本身,是课程及课程资源最大程度发挥作用的关键,否则,多样的课程和丰富的资源不仅不会成为学生发展的养料,还会成为学生发展的阻碍,选择也不会成为理性的抉择,而成为孩子气的任性,那样,"走班制"就会成为灾难。

3. 引导学生组建有归属感的集体

"走班制"必须面对因固定班级打破而带来的学生归属感缺乏、集体感减弱的问题。有的学校用行政班来解决:虽然走班,但仍以行政班的名义开展某些活动,如组织班团队活动、春游、参加运动会等;有的学校则鼓励学生自发形成相对稳定的社团,如话剧社、篮球队、围棋组等。自觉组建稳定的、有归属感的集体,对于大型学校更为必要。例如,一个由5000人组成的高中与一个由500人组成的高中相比,走班更易造成陌生和冷漠;而规模相对较小的学校,即使走班,学生的熟悉感和归属感也要强得多。在这个意义上,适当规模的学校比超大规模的学校更适合走班,走班带来的问题也要小很多。

"走班制"是教学组织形式积极而有价值的改革探索,是对班级授课制的积极改造。它能够更好地满足现代学校学生个性发展的需要,为学生的课程整体把握能力、学习规划能力、自主选择能力及责任心的发展提供机会,使得学生的学习过程成为自觉生活的过程。

第二节　均衡饮食，缓解脑疲劳

导读

在高考前的最后一个月，很多家长和考生都会处于高度紧张的备战状态。这段时间是最耗费脑力的，因此孩子的营养必须跟得上。高考前的饮食误区有不少，不合理的饮食非但帮不了孩子，还会拖他们的后腿。因此，在备考阶段，除了有效的复习方法，科学营养的饮食安排也应受到格外关注。作为"后勤部长"的考生家长要牢记高考前的饮食注意事项：让考生多吃谷物，供给充足能量；让考生多吃鱼、肉、蛋、牛奶、豆类，以补充丰富的蛋白质；搭配新鲜的蔬菜、水果，均衡营养，使考生保持精力旺盛；让考生多参加体育活动，避免盲目进补。

小郭平时胃口好、食量大，最近在家复习迎考，更是餐餐有鱼、顿顿吃肉，海鲜也不少。除了这些高蛋白食品，为了提高注意力，父母还为小郭准备了不少西洋参含片。小郭每次都来者不拒吃得饱饱的，但最近他老犯困，上午复习到 10 点多钟，下午复习到 4 点多钟就觉得疲劳了，有时还觉得燥热不安。父母以为小郭燥热不安是由于压力大上火了，买了清热下火的药，结果小郭吃了一段时间便开始腹泻，学习效率极低。

读懂孩子心

按照我们现有的生活水平，多数孩子通过饮食保证营养是不成问题的，关键要注意合理搭配饮食，均衡营养。孩子考前刻意增加营养甚至进补并没有太大意义，因为营养摄取和知识学习一样，靠的是平时的积累，而且身体对饮食习惯的适应也是需要时间的，所以我们不主张考前刻意加强营养而大幅调整原有的饮食习惯。

"学习消耗多就要多吃"的想法是错误的。小郭犯困主要是因为吃得过饱，食物在肠胃中消化需要大量的血液，于是脑内的血液供氧减少，从而导致大脑反应迟钝。备考阶段，对食欲不错的考生来说，家长不要再为其补充各类保健品了，只要注意三餐荤素搭配，多补充些蛋白质、新鲜蔬菜和水果就足够了。

此外，如果孩子有吃夜宵的习惯，家长可以为其适当增加一份夜宵点心，点心以清淡、爽口的羹汤为主，如绿豆百合羹、红枣银耳汤、花生汤等。另外，孩子要加强锻炼，比如在复习间隙到楼下做运动，回来再冲个澡，这样复习起来也会精神倍增。

此外，专家认为，正常情况下，人参和西洋参不适合用在青少年身上。临近考试，家长不要对饮食做明显的调整，以免潜意识中对考生造成精神压力。如果孩子考试前觉得身体特别疲劳，家长可以在考试的当天早晨，用切片的西洋参（3～5 克）泡开水给考生喝。

解决方案一：一日三餐，营养均衡

首先，家长千万不要改变学生的饮食习惯和饮食规律，不要因为临近考试就逼迫孩子一个劲儿地吃东西，保持原有的生活秩序才是正确的做法；其次，不要给学生吃平时不吃或不喜欢吃的食物，以免孩子出现身体不良反应，如呕吐等症状；最后，切记不要给孩子乱补，也不要大补，最好是粗细粮合理搭配，玉米、小米、大米、面粉掺杂吃，这样可以增添丰富的B族维生素。

高考期间，考生最忌暴饮暴食和营养失调。在保证营养平衡的前提下，要相应地限制主食的用量，适当增加高蛋白、高磷脂、高维生素的食品。脑组织活动的主要能源是葡萄糖，若不吃主食或主食进食过少，会导致葡萄糖来源缺乏，从而影响大脑的思维能力。除了一般的大米、白面之外，主食还可吃一些粗粮杂粮，如红豆、绿豆、黑米、糙米等，做到合理搭配。

早餐：必须有营养

早餐的主食可以是包子、馒头、米饭等，所有五谷杂粮都可以；要补充足够的蛋白质，如牛奶、酸奶、蒸的或煮的鸡蛋；要吃一些水果或是青菜，还可以吃少量肉类，因为脂肪类的食物对提高记忆力有一定的好处。早餐不要吃油条，油条含明矾，会抑制大脑兴奋。

午餐：不能太油腻

上午学习过后，孩子需要吃丰富的午餐以及时补充营养。备考的学生压力较大，容易便秘，可以多吃芹菜、韭菜等粗纤维食物，因为这些都具有调节胃肠的功能。家长可以做些肉类、鸡蛋、豆制品等含能量较高的食物，还可以准备一点清汤，如番茄蛋汤、紫菜蛋汤、青菜肉丝汤等。

晚餐：以清淡饮食为主

晚餐可以多吃一些木耳或是海带类的食物。因为孩子白天学习的时间长，所以晚上必须要补充能量，不可听信孩子要减肥等话语，减肥也不是在这个时候。晚餐的主食可以是豆浆、豆奶，最好是稀饭，因为稀饭可以提供很好的营养，又很容易消化，但不要在稀饭里加入皮蛋，因为皮蛋含铅。可以喝些小米绿豆粥，小米含有丰富的色氨酸，具有安眠作用。

加餐（必要时）

一小杯酸奶或 250 克左右水果。孩子要多吃新鲜的水果，特别是瓜果类；不要喝冰镇的冷饮，以免喝坏肠胃。

解决方案二：特色食谱，助力高考

高考营养的安排要"对症下药"，针对孩子的不同情况推荐特色食谱。

缓解紧张的食物：香蕉、核桃等含维生素 C 多的食物；

保养眼睛的食物：富含维生素 A 的食物，如胡萝卜、动物内脏（如猪肝）；

增强记忆力的食物：含 DHA 多的食物，如卷心菜、豆制品；

预防大脑疲劳的食物：富含维生素 B 的食物，如大豆；

抗压的食物：番茄、柑橘、巧克力，但切记不宜过多。

较急躁的考生可多吃含钙丰富的食物，如香蕉、牛奶、酸奶、小鱼、小虾、芝麻酱等。

特别需要提醒的是，保健品不能提高成绩。每年一到高考，保健品的广告铺天盖地，不少家长为让孩子出成绩，不惜花大量金钱购买保健品。导致的结果就是，高考后，经常有学生出现内分泌失调、生物钟紊乱等现象。

部分保健品生产经营者用虚假、夸大的手法宣称自己的产品能提高智商、学习成绩等，其实大多名不副实。对于市场上各种标榜提神醒脑的产品，家长选择时更要慎重。不要期待那些东西会产生"特异功能"。即使确实需要服用某些产品，也要做到适可而止，把握好度。希望家长和学生能够理性对待高考，不要产生极端情绪，因为那样反而会带来负面效果。

解决方案三：适当锻炼，睡眠无忧

离高考越来越近了，有些孩子精神高度紧张，吃不下饭，还出现了焦躁失眠的状况。这些孩子的家长很着急，找医生给孩子服用"安定"。结果，睡眠时间增加了，孩子却记忆知识很吃力，常常昏昏沉沉。

实际上，紧张、焦躁是考生常见的状况。高考复习是特殊的时期，不一定要强求睡眠时间保持在 8～10 个小时，考生只要保持正常的作息规律，自我感觉体力和精力旺盛、记忆力好就可以了。如果紧张情绪非常严重，可以让孩子进行适当的体育锻炼，比如晚饭后进行简单的运动，有助于睡眠。

考生要想睡得好，需要注意的是：有吃夜宵习惯的考生，不宜吃得过饱，最好在睡前半小时吃夜宵；夜晚忌饮可乐、浓茶和咖啡；睡前可冲洗一个温水澡，听一听安静舒缓的音乐。不少考生家长认为，睡前喝牛奶可以帮助睡眠。实际上，睡前喝牛奶也要因人而异，考生不要随意更改习惯，过分地注意这些细节，反而会引起不必要的心理负担和精神紧张。

大脑的喜好

大脑喜欢色彩。平时使用有色笔或有色纸，能帮助记忆。脑力专家贺晓生说，色彩会影响大脑的认知和分析能力，如浅红和橘黄对人有警示作用，能刺激大脑反应，提高注意力。

大脑爱吃菠菜。大脑是一台珍贵而复杂的发动机，必须补充"优质燃料"。在贺晓生看来，"优质燃料"就是最新鲜的水果和蔬菜，比如菠菜，以及肥瘦搭配的新鲜肉类，最好是牛肉、羊肉和鱼肉。国外也有研究表明，多吃菠菜可以减少记忆力减退现象。相反，大脑"最差的燃料"就是含化学添加剂多的食物，比如罐头食品和方便面等含防腐剂多的食品，以及经嫩肉粉处理过的肉类。

大脑害怕缺水。大脑电解质的运送大多依靠水分，所以身体缺水的时候，人会头疼、头晕、无法集中注意力。贺晓生建议，在做决定前或做用脑比较多的工作时，都要多喝一点水。

大脑喜欢和身体交流。如果你躺着或靠着什么东西，身体很懒散，大脑就会认为你正在做的事情一点都不重要。贺晓生说，他思考问题时，喜欢手里把玩一样东西，或下意识地敲敲桌面，离开椅背坐姿端正，这会让大脑保持警觉。另外，散步或室内踱步是思考问题的好方式。美国《衰老神经科学前沿》杂志刊登的文章称，散步能使人的推理能力提高，并能防止大脑功能减退。

大脑喜欢动。在临床上，贺晓生看过一些70多岁老人的大脑，发现他们的脑回非常饱满，一点皱缩都没有。他们大多从事脑力或艺术类工作，在晚年还不断工作，是所谓的"活跃人"。

大脑比眼睛快。看书时，不要让目光一个字一个字地移动，而要让书离眼睛远一点，一眼多字、一目多行地移动，让大脑尽可能接触很大范围的文字，会提高阅读能力。因为大脑的理解速度其实比眼睛看到文字、嘴读出文字的速度都要快，读得慢反而会造成大脑怠工。这也是快速阅读眼脑直映能实现的基础之一。

大脑需要氧气。大脑虽然只占人体体重的2%，但耗氧量却达全身耗氧量的25%。充足的氧气可以让大脑快速思考，而缺氧时，人会觉得没干什么活却非常疲惫、情绪善变、困得要命却睡不着。贺晓生建议，平时可以多吃一些含铁食物，如猪肝、黑木耳等，因为铁能增强血红蛋白运输氧气的能力；此外，还可以每1~2周到山里呼吸一次高质量的氧气。

大脑喜欢宽敞的环境。视野开阔首先让人的心理不压抑，情绪好；其次，眼睛看到的东西越多，越能刺激大脑的思维，所以建议多去户外走走，解放大脑。

大脑需要休息。用脑越多，消耗的参与大脑运转的物质就越多，换一种用脑方式，可以让这种物质的来源增加，恢复大脑的思考能力。

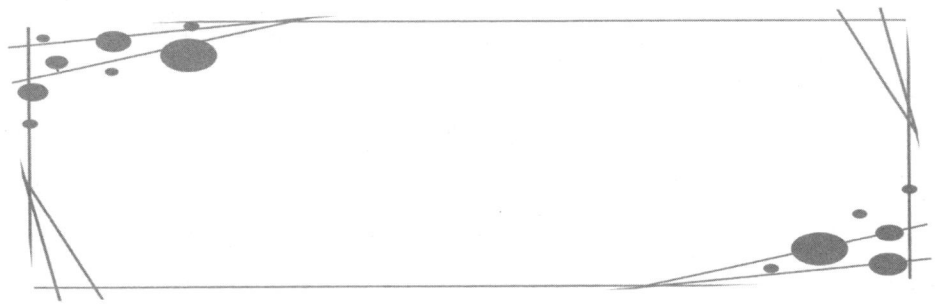

第三节　怎样给孩子减压

导读

孩子进入高三，无论家长还是孩子都面临巨大的压力。家长希望孩子的学习成绩在高三能够突飞猛进。孩子满载家长的期望，满怀对大学的憧憬进入了学习的新阶段。但是，很多孩子每天面对大量的功课和习题，心烦意乱，好像越来越觉得不知从何下手。

故事放送

孙蕾是高三的学生，高高的个子，大大的眼睛，白皙的皮肤，是一个名副其实的美女。可是，当她坐到我面前的时候，我明显感觉到：作为一个花季少女，她缺少了点活力，一脸疲倦，眼睛茫然无神。

从进入高三，孙蕾就加大了上辅导班的力度，几乎每个周六、周日，孙蕾不是在辅导班就是在去辅导班的路上。妈妈给孙蕾制定的计划是，周一至周五在学校学习，周六周日去辅导班，白天跟着学校老师的步伐走，晚上有一对一辅导老师给孙蕾"吃小灶",全面实现了工作日和休息日的组合,以及白天＋晚上学习时间的组合,形成了"5＋2、白＋黑"计划。原本,孙蕾的成绩不错,在班里能考前十名。妈妈固执地认为只要平时增加学习时间,周六周日多报辅导班,请名师给予辅导,孙蕾的成绩就可以来一个鲤鱼翻身,进入年级前几名。

可是她的成绩却没有像妈妈想像的那样上升,相反,高三上学期的期末考试,孙蕾竟然从原来的班级前十滑落到了班级30多名。看到自己的成绩和妈妈失望的表情,孙蕾委屈地哭了起来。这次考试后,郁郁寡欢的情绪竟然在孙蕾心里挥之不去,如同生根了一般。她不想再学习了,因为,她觉得自己每天晚上学到凌晨1点,早上5:30就起床,每天除了吃饭、上厕所就是学习,可是,自己这么努力,换来的不是学习成绩的上升,反而是学习成绩的下降,再努力有什么用呢?

过度疲劳会导致学习效率和学习成绩下降

在紧张的升学考试中,每个人都会遇到在长时间的学习之后,注意力很难集中、阅读和计算的能力减慢、做题的错误率上升、记忆力下降等现象。这种现象会在休息后好转。但是,孩子如果认识不到这一点,在疲劳状态下持续学习,不仅会影响正常的学习效率,而且会让大脑皮层细胞因长期的疲劳受到损害,甚至会出现神经衰弱。

疲劳按性质可以分为生理疲劳和心理疲劳。生理疲劳是由身体能量的过度消耗引起的。一个人的学习时间过长,无论大脑还是神经系统,都要消耗大量的能量。如果能量的消耗过快,而得不到及时补充,就会打破生理平衡,造成生物节律紊乱。心理疲劳是指长时间思考、焦虑、恐惧或者在与别人激烈争吵之后,陷入心力衰竭的状态。

如有以下症状,就代表心理疲劳了:

早晨起床后,感到全身无力,四肢沉重,心情不好;

学习提不起劲，什么都懒得做；

学习中错误多、效率低；

困乏，但躺在床上又睡不着；

容易感情冲动，神经过敏，遇到一点不顺心的事也会大动肝火。

学习疲劳与学习效率成反比，即疲劳程度越低，学习效率越高；疲劳程度越高，学习效率越低。

对于考试过度焦虑会干扰学习效果

考试焦虑者通常会将认知的焦点和注意力集中在自己身上，思维总是指向考试失败的方面，缺乏自信，在考试的环境中感到极度不适应。心理学家指出，焦虑会导致两种认知方面的障碍：一个是认知过度，即过分重视考试的结果，心理负担过重；一个是认知缺陷，焦虑情绪使人在记忆、注意力方面受到损害，从而影响到学业成绩。且正是认知过度造成了认知缺陷。

担忧是考试焦虑的一个重要表现。考生过度担心自己的考试成绩和考试表现，就会把注意力的重心放在担心自己能否通过考试，而不是将重心放在学习任务上。这种担忧使得他们在考试中不能将全部注意力投入答题当中，而是总想着自己的表现。不仅如此，考试焦虑者还经常纠缠于过去有关考试的紧张经历，倾向于主动寻找有关考试失败的信息。比如，一个同学曾因过度紧张影响了考试成绩，在这次复习过程中，他很有可能不由自主地想起上次考试紧张的情形，认为上次考试紧张造成的失败，这一次也会发生，于是就变得更加紧张，从而形成一个恶性循环。

只关注自我是考试焦虑的另一个表现。他们往往不关注问题，这种"自我卷入"的思维模式，使得他们在紧要关头，注意力不能集中到该注意的问题上，从而妨碍学习和考试的效果。

解决方案一：家长合适的行为能够给孩子减压

高三是孩子学习生涯的转折点，孩子的压力可谓无处不在、无时不有。

这些压力有来自自身的,有来自家庭的,也有来自学校的……对于充满压力的孩子来说,家长怎么做才能让他们感到轻松一些呢?

第一,家长要学会不问成绩。进入毕业年级,可以说小考周周有,大考月月有。如果家长过分关注成绩,无形中就增加了孩子的压力。有的孩子曾感叹:"我真怀疑,妈妈爱的是我还是我的考分。"孩子不可能永远都考得好,总有失利的时候。家长要多给孩子一些支持和关爱,爱永远都是孩子前进的动力,可以经常说:"孩子,不要太累。""孩子,无论如何,我们都爱你!"

第二,家长要学会转移孩子的焦点。即不要让孩子把全部精力都集中在备考这个"聚焦点"上。学习本身很枯燥,通过参加有意义的活动或人际交往,体验愉快的情绪,孩子注意的中心就会转移,负面情绪就会得到释放,压力就会得到缓解。具体而言,家长可以这样做:如果孩子喜欢打篮球,那不妨抽出时间,陪孩子驰骋球场;如果孩子喜欢幽默故事,那不妨搜集一些小笑话,在饭后讲给孩子听;如果孩子喜欢散步,饭后陪孩子溜达一会儿……

第三,越到最后,越要提醒孩子多睡少学。有的孩子白天学习时间不够,就把目光瞄到晚上,不学到12点决不罢休,甚至熬到晚上一两点钟,而早上照常不到6点起床。这种疲劳战术,虽然表面上把睡眠时间转化成了学习时间,但实际上效果却很差。前一天晚上没有休息好,势必会影响第二天的听课,而老师所讲授的内容通常是非常重要的,这就本末倒置了,而且身体健康也会受到影响,实在是得不偿失。也许有的家长会说:"我家孩子和别的孩子不一样,对他而言,夜越深,精神越好。"不可否认,确实有这样"猫头鹰"型的孩子,晚上学习效果非常好,可家长们不要忘了,高考在上午和下午进行,形成夜间学习习惯的孩子一般上午的精神不好,这样不利于应付上午的考试。因此,越临近考试,越应当让孩子形成良好的作息习惯,让孩子睡好,孩子只有精神好了,承受压力的能力增强了,才能以良好的状态迎接考试。

解决方案二:教给孩子一些减压的技巧

1. 放松训练:当我们躯体放松时,心理松弛会随之而来,而心理放松时,躯体松弛也会相伴发生。放松训练可以减轻紧张焦虑的情绪。其具体过程是：从上到下，屏住呼吸，让额头、眼睛、下颚、颈项、肩膀、背部、手臂、肘部、腹部、臀部、大腿、小腿和脚部肌肉群先紧张 5 秒钟，然后慢慢吐长气，全身放松 10～15 秒钟，不断地重复。考前可以每天做 2～3 次。放松训练关键是要体会那种先紧张后松弛的感觉。

2. 想象排忧：可以引导孩子想象一些宁静、放松的自然景象。这些景象可以是孩子真实经历、观赏到的，也可以是孩子想象出来的。重要的是这些景象给孩子的感觉必须是宁静、放松、愉悦的。如，可以想象躺在草地上，上边有蓝天、白云，身下有厚厚的绿草，还有轻风从脸颊拂过。

悲情埃蒙斯——"最后一枪先生"

也许大家并不是太熟悉这位射击运动员，但是提到 2004 年雅典奥运会男子步枪三姿决赛最后一枪打到别人靶子上这件事，也许你就知道了，原来是他。没错，马修·埃蒙斯在 2004 年雅典奥运会、2008 年北京奥运会都在决赛最后一枪出现过失误，被称为"最后一枪先生"。

马修·埃蒙斯刚出道不久就成了美国射击界公认的"神童"，他不仅创造了 50 米三姿项目的少年世界纪录，而且还在 2002 年和 2004 年世界杯决赛中夺冠。

凭借出色的表现，他代表美国参加了 2004 年雅典奥运会步枪项目。在男子步枪三姿的比赛上，埃蒙斯很轻松地进入决赛，并且在决赛里的前九环领先第二名多达 3 环之多，最后一枪只要正常发挥金牌即可到手，可谁知埃蒙斯最后一枪竟然鬼使神差地打到了别人的靶上。这一意外直接葬送了他的金牌。

2008 年北京奥运会，埃蒙斯卷土重来再次踏上决赛的赛场，最后一轮他领先第二名多达 4 环，然而这一次埃蒙斯再次失误，最后一枪打了 4.4 环，再次与金牌擦肩而过。中国选手邱健凭借稳定的发挥一举逆转拿到了金牌。

作为一名具有冠军实力的职业运动员，竟然连续两次在占尽优势的情况下出现如此低级的失误，实在让人感到匪夷所思。后来，在一次记者采访中，埃蒙斯谈到了这两次失误，他说："2004年在雅典的时候，是我第一次参加如此重要的比赛，虽然一直领先，但心头的压力非常大，生怕到手的冠军飞走了，所以才患得患失、无法集中注意力，导致最后一枪脱靶；第二次北京奥运会的时候，自己吸取了上次教训，已经不是那么紧张，但在最后一枪的时候，因为当时与第二名的差距不是很大，而且他击发的速度很快，带乱了我的节奏，所以我出现了不该有的失误。"

两届奥运会的最后一枪，埃蒙斯都丢掉了金牌，这让他感到整个世界的压力都压在自己的肩上。在经历了两次离奇失误之后，埃蒙斯接受了心理医生的治疗。2012年伦敦奥运会，埃蒙斯决定不受别人的影响，按照自己既定的程序来完成最后一枪。最终，他没有重蹈覆辙，收获一枚铜牌，终于不再遗憾。

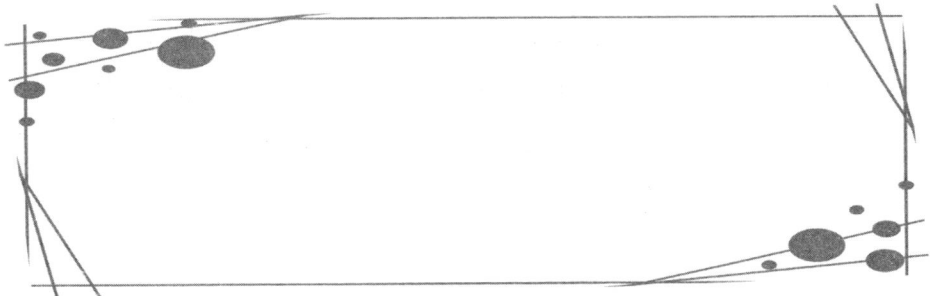

第四节　合理期待，理性陪考

导读

家有考生的日子，家长可能比孩子更受煎熬。怎样帮助孩子迅速提高学习成绩？孩子能考个什么样的学校？孩子如果考不上怎么办？一系列的问题困扰着家长。事实上，比起孩子来，家长更需要放松自己的心情，平和自己的心态。因为家长的紧张情绪会影响孩子的心理，家长的心态平和稳定也会感染并引导孩子情绪平和。因此，家有考生，家长更应保持一颗平常心。

故事放送

周日，王林的妈妈买菜回来，轻手轻脚地打开房门，然后，停了下来，眼睛瞅了一下王林的房门，确信没有打搅到王林的学习后，才放心地走到厨房，开始准备晚餐。在准备晚餐的过程中，她尽可能地控制自己手中的动作，让切菜、洗菜的声音小一些，还时不时地抬头看一下儿子的房间，生怕自己弄出的声音影响到孩子。

这只是王林妈妈日常生活的一个缩影。从王林上高一开始，为节约时间，王林全家搬到了与学校一墙之隔的某宿舍，王林的父母成为若干陪读大军中的一员。孩子进入高三，全家都进入高度警戒状态。爸爸推掉了所有的出差和应酬，生怕自己晚上回来晚了，影响到儿子。妈妈辞掉了工作，专门在家做饭，照顾王林的饮食起居。为确保王林放学时，饭菜处于不凉不热，恰好入口的状态，妈妈会计算好时间；为保证营养全面，色香味俱全，妈妈不仅买了好几本菜谱，还经常向朋友讨教，一段时间下来，厨艺大涨。夫妻两人平时说话轻声细语，走路蹑手蹑脚。

同时，他们对孩子每次考试的成绩都特别关注，看达到了哪个学校的录取标准，是否能够考上王林爸爸梦寐以求的北大。原来，王林爸爸最遗憾的事情就是，自己当年没有考上北大，因此，夫妻二人把考北大的希望寄托到了儿子身上。对于爸爸妈妈的期待，王林当然知道。但是他也知道，自己的实际状况离考上北大还差很多。对于爸爸妈妈的变化，王林看在眼里，急在心里，觉得只有拼命学习，才能回报父母的期待。因此，他加班加点，大门不出二门不迈，一心只读圣贤书。可是，一段时间下来，王林竟然觉得心慌气短，坐在桌前，无精打采，很难集中注意力。

补偿心理让孩子很受伤

补偿心理是心理防御机制的一种，指当个体因本身生理或心理上的缺陷或者其他各种原因致使目的不能达成时，改以其他方式来弥补这些缺陷，以减轻焦虑，建立自尊心。比如，有的成年人小时候受到父母的忽视、拒绝、惩罚后，焦虑、悲伤、恐惧的情绪会深深印在脑海中，为人父母后，一旦发现自己在拒绝孩子，或孩子的表现类似自己的经历时就会不寒而栗，本能地终止正在发生的事情。这样，父母向孩子传递的信息是：孩子不用因为犯错而受到惩罚。这种矫枉过正的行为让孩子对自己错误行为的后果感到迷惑，不利于孩子对社会规则的学习。

同时，怀有"补偿心理"的父母往往不考虑具体情况而去强迫孩子按自己的要求成长，这种做法实际上有悖因材施教的原则，容易引起孩子的反感。当父母把自己的人生理想强加到孩子身上时，就剥夺了他们决定自己发展方向的权利，使孩子缺乏规划人生的动力和追求兴趣的勇气，一方面会导致孩子因缺乏动力而产生厌学的情绪，另一方面，即使考上大学，满足了父母的要求，他们往往也会因为失去目标而变得迷茫。一些大学生在进入大学后厌学，毕业后"啃老"，大都与此有着密切联系。比如上面案例中的王林，明知道以自己的水平考不上北大，但看到父母的期待，他还是不忍心拒绝父母。这种父母，打着"爱"的旗号，实际是借助孩子实现自己当年的梦想，不仅无法帮助到孩子，还会给孩子带来极大的压力，甚至使孩子像案例中的王林一样，发展到无精打采，注意力无法集中的地步。

过度关注会让孩子压力增大

学习成绩对于高考生来说很重要，这毋庸置疑。孩子如果考得不好，本身压力就很大。如果家长对孩子的学习成绩分外关心，有事没事就拿成绩说事，不仅无法激发孩子内在的动力，反而会使孩子觉得家长为自己做的，是一定要用成绩来交换的，从而压力增大。

考前父母在生活上的过度关心，也会给孩子增加压力。孩子会觉得父母在他身上付出了这么多，一旦考试出现闪失，就会感觉很对不起父母，从而导致孩子把过多的精力放在考试的结果，而不是学习过程上，这会引起考试焦虑，对于提高考试成绩是不利的。所以父母要用一颗平常心来面对孩子的考试成绩。

解决方案一：家长对孩子的期待要符合孩子的实际情况

每一个父母都希望自己的孩子成才，希望孩子考上好大学，希望孩子为家庭增光，未来找个好工作，过上好日子。这种望子成龙、望女成凤的心情是可以理解的，但家长对孩子过分的期待如果脱离孩子的实际情况，就会给孩子造成极大的压力，对孩子的备考没有任何积极作用。因此，家长对孩子的期望要从孩子的实际出发，因为每个孩子的个性特点不同、学习基础不同、爱好特长不同、发展方向不同，脱离实际的期待只能带来失望。

鼓励孩子积极备考，把高考看成孩子的一次重要人生挑战，只要孩子对高考尽力而为就可以了，不要把高考作为孩子的唯一出路，做好各种思想准备，即使孩子高考结果不理想，也可以根据孩子的情况，寻找其他出路。家长如能这样想，就能使自己拥有一颗平常心。

解决方案二：创造宽松和谐的家庭氛围

高考前，宽松和谐的家庭氛围对于帮助孩子有一个平和的心态以及高考正常发挥甚至超常发挥尤其重要。如果考试前家庭氛围是严肃、凝重、紧张、令人窒息的，那么孩子的心态会受到非常大的影响。

如何创造一个宽松和谐的家庭氛围呢？我有以下几点建议：

1. 大家的谈话要围绕一些轻松愉快的话题，不要谈那些紧张的话题，也不要议论高考的事情。家长可以说说周围发生的有趣的事情，或者找一些幽默的小故事讲给孩子听，这对于调节孩子紧张的心理是有好处的。

2. 即使知道孩子某一次考试考得不好，也不要表现得很紧张、不满意，尽可能保持一份平常心，告诉孩子事情都过去了，先不要想这些事情，重要的是以后继续努力。因为如果家长表现得很紧张，孩子会更加紧张。

3. 告诉孩子只要尽力就好。高考前，很多家长常常会唠叨孩子："不要马虎，好好考，不要丢分！""看好题，别看错题，别漏题。"总之，高考前不少家长对孩子千叮咛万嘱咐，唯恐出错。其实，面临高考，孩子本身的压力就很大，家长说这些话，只会给孩子增加压力，不利于高考。因此，平时说得多的话就不要再讲了，再讲只会让孩子感到厌烦，只说一句"你只要尽力就好"，让孩子吃个定心丸，他会尽力发挥自己的潜能，全力以赴，迎接高考。

解决方案三：管好自己的情绪，不给孩子"添乱"

高考是一件人生大事，但有的家长和孩子对高考的认识有偏差，给高考赋予了太多额外的意义。实际上，过多的照顾无形中会给孩子增加更多压力，孩子会有意无意地疏远父母。因此，家长要先过好自己的生活，调整好自身的情绪，不要把关注点全放在孩子身上。如果你觉得什么都不做难受，那就问问自己，不恰当地干预会给孩子带来什么影响，这样就会平静很多。

解决方案四：减少对孩子的全方位照顾

孩子需要父母的理解、支持和照顾。但具体到每个孩子身上，做法有所不同。有的孩子依赖性强，或父母一直以来包办较多，那么在备考过程中，父母的陪伴和照顾依然很重要，否则孩子会觉得一切都得独自承受，压力会增大。父母还要有心理准备，要能耐受得住孩子的负面情绪，必要时可寻求心理老师或心理咨询师的帮助。有的孩子认为父母的关照给自己带来了压力，需要更多独立空间，那么父母可以"退一步"，做好后勤工作，保证其饮食均衡，按时接送，提醒规律作息，营造轻松温馨的家庭氛围即可。

考前家长禁忌

考生在高考前对外界比较敏感，父母言行不当会增加考生的心理压力。以下列出了十句禁忌语和十条禁忌行为，供家长参考。

十句禁忌语

1. 老师都认为你是上清华、北大的料，你可要争气呀！

2. 我们对你要求不高，你自己好好考就行了。

3. 你学了12年了，人生难得一回搏，一定要好好把握！

4. 考好了就改变你的人生，考不好以后找工作可难了！

5. 赶紧睡觉，好好休息才能好好考试；这是专门给你买的营养液，喝了对你考试有帮助。

6. 你只有这一次参加高考的机会，成败在此一举，你看着办吧。

7. 复习得怎么样了？有没有把握？

8. 这几天你什么事都不用管，只管专心考试。

9. 再坚持一下，好好把试考完，你和爸妈就都解放了。

10. 我不相信我家孩子比别人差。

十件禁忌事

1. 孩子早恋，家长棒打鸳鸯。

2. 给孩子吃些什么，喝些什么的时候，都跟高考联系起来说事。

3. 到处听高考讲座或从网上搜索信息，用听到的信息轰炸孩子。

4. 饭桌上、路途中追问的都是高考话题，三句不离"高考"二字。

5. 不停地说"高考对你很重要，你要是再努力些，再能提高些该多好"。

6. 不论大考小考都要追问名次。

7. 许诺"如果你考上某某高校，我们送给你什么"。

8. 不让孩子睡懒觉和娱乐。

9. 总是强调"你是全家的希望，你的高考是今年家里最大的事"。

10. 孩子情绪只要一有些反常就穷追不舍问原因。

我的教育心得